Angeline Bauer

Von Trennung, Tod und Trauer -

Märchen zum Gelingen des Lebens

Impressum

Besuchen Sie uns auch auf unserer Homepage im Internet: www.by-arp.de

Inhaltsverzeichnis:

Vorwort

Märchen sind keineswegs nur für Kinder gedacht und weit mehr als spannende Geschichten. Märchen schenken Trost. Märchen sind weise.

Dieses Buch richtet sich an Erwachsene, die für sich Hilfe suchen oder Kinder in dieser schwierigen Lebensphase begleiten.

Wer sich einlässt und tiefer blickt findet in den traditionellen Märchen aus aller Welt Antworten auf Lebensfragen, Konfliktlösungen und Kraft zum Gelingen des Lebens.

In 'Von Trennung, Tod und Trauer' geht es um Abschiednehmen, loslassen, und das Verarbeiten von Trennungsschmerz, auch nach einer gescheiterten Liebe. Die Helden der Märchen, die Angeline Bauer im vorliegenden E-Book tiefenpsychologisch deutet, nehmen den Leser an der Hand, erleben und erleiden für ihn und mit ihm allerhand Geschicke und führen ihn hin zu einem erlösenden Ende.

An einem Punkt des Lebens, an dem man sich ganz und gar verloren glaubt, gibt das Buch Kraft und

Hoffnung und Hinweise für das Gelingen des Abschiednehmens.

Alles beginnt
und alles endet
zur rechten Zeit
am rechten Ort.

(Zitat aus dem Film *Picknick am Valentinstag*)

Einführung

Eine der wichtigsten Grunderfahrungen der Menschen ist die Trennung. Unser Leben beginnt mit ihr, wenn wir uns aus der Einheit mit der Mutter lösen, um geboren zu werden, und es endet mit ihr, wenn uns der Tod zwingt, uns von all dem zu trennen, was uns auf dieser Welt lieb und wichtig erscheint. Dazwischen liegen unendlich viele Trennungen. Gewollte oder nicht gewollte. Trennungen von Menschen, Orten, Dingen, Lebensabschnitten, Meinungen, Idealen, und manchmal auch Trennungen von uns selbst oder von dem was wir glauben, dass es uns selbst ausmacht. Und natürlich sind da auch noch die Trennungen, die uns der Tod auferlegt.

Meist gehen Trennungen mit starken Gefühlen einher, die manchmal so übermächtig sind, dass wir befürchten, daran zugrunde zu gehen. Gefühle wie Kummer, Wehmut, Sehnsucht, Angst, Verlorenheit, Einsamkeit und Wut. Trennungen sind Verhängnis, »unfair« und schmerzhaft. Sie isolieren uns und konfrontieren uns mit unseren Ängsten, unserer Schutzlosigkeit und der Vergänglichkeit des Lebens, und oft fragen wir uns: Warum? Warum muss ausgerechnet ich das erleiden?

Dabei vergessen wir, dass niemand ohne Trennungen und Abschiede durchs Leben kommt, und auch andere zu ihrer Zeit mit ihren Trennungen fertig werden müssen. Und dass Trennungen, so grausam sie uns auch erscheinen, notwendig sind und uns einen schöpferischen Impuls geben. Denn Trennungen zwingen uns, weiterzugehen, uns neu zu ordnen und zu definieren, abzulösen, zu befreien von alten Zwängen und grundlegende Erfahrungen zu machen, die wir ohne sie vermeiden würden. In jeder Trennung liegt auch Entwicklung und

Wachstum. Nur in beständiger Fortbewegung gelingt es uns, zu werden, was wir sind; wer aber nicht Abschied nehmen kann, wird erstarren.

Wenn ich meine achtzigjährige Mutter zu Grabe tragen muss, wenn ich meinen Wagen zu Schrott gefahren habe und jetzt lernen muss, ohne auszukommen, wenn ich meinen Arbeitsplatz verloren habe, deshalb mein Haus verkaufen und in eine andere Stadt umziehen muss, dann mag ich darin ja noch so etwas wie ein impulsgebendes Prinzip erkennen können. Aber wenn mein fünfjähriges Töchterchen überfahren wurde, wie bitte soll ich das denn noch als schöpferischen Akt wahrnehmen? Es ist scheint doch vollkommen sinnlos!

Tatsächlich ist dieser Schrecken kaum auszuhalten - nichts als Leid und Elend, und niemand weiß, warum das Schicksal uns das auferlegt hat! Aber auch hinter diesem Leid wird am Ende etwas verborgen sein, das für uns jetzt (noch) nicht sichtbar ist, aber doch einen tieferen Sinn ergibt.

Das Märchen aus der Sammlung der Gebrüder Grimm 'Das alte Mütterchen' (ich werde es später vorstellen) führt das sehr anschaulich vor Augen. Wer glaubt, seine Trauer nie überwinden zu können, dem kann es vielleicht doch ein klein wenig Trost schenken.

Trennung vermeiden und dem Tod entwischen zu wollen, das ist ein sehr menschliches Bedürfnis und uns allen nur zu bekannt. Keine andere Gesellschaft vor uns hat je so enorme Anstrengungen unternommen, um den Tod zu überwinden. Auch die Tatsache, dass Trennungen vom Ehepartner heute eher die Regel sind, kann nicht darüber hinwegtäuschen, wie groß unsere Trennungsängste in Wahrheit sind. Denn der Anstieg der Scheidungsraten hat wohl weniger damit zu tun, dass Menschen inzwischen gelernt hätten, besser mit Trennungen umzugehen, als vielmehr damit, dass sie immer weniger fähig sind, sich auf Nähe einzulassen, weshalb gar keine wirkliche Bindung entstehen kann. Demnach können die hohen Scheidungsraten der westlichen Gesellschaft vielleicht sogar als Indiz dafür gesehen werden, wie groß unsere Angst vor Trennung in Wirklichkeit ist.

Doch wir sollten nicht vergessen: Ein Leben ohne Schmerz wäre auch ein Leben ohne Fülle! Wer keinesfalls riskieren will, eine Liebe zu verlieren, muss ohne Liebe bleiben. Und wer niemals sterben will, darf nie geboren werden. Also kann die Vermeidung von Trennung und Tod nicht der Weg sein, sondern es kommt darauf an, zu lernen, damit umzugehen.

Das Geheimnis der Mythen

Der Schriftsteller Elie Wiesel hat einmal gesagt: Gott hat die Menschen erschaffen, weil er Geschichten liebt.

Märchen sind kein 'Kinderkram', sondern vor allem Geschichten für Erwachsene!

Immer wieder haben sich Menschen darüber ereifert, was sie eigentlich vom Tier unterscheidet. »Die Fähigkeit zu lieben«, meinen die einen. »Dass sie eine Sprache besitzen«, meinen die anderen. »Dass sie die göttliche Macht anerkennen«, ist die nächste Spekulation, und so geht das weiter. Nun, vielleicht hat Elie Wiesel ja recht, vielleicht macht es den Menschen aus, dass er Geschichten erzählen kann. Denn all die anderen Argumente scheinen mir viel weniger schlüssig. Dass auch Tiere lieben und ihre ureigene Sprache besitzen, ist längst erwiesen. Und dass sie die göttliche Macht anerkennen, davon bin ich fest überzeugt - wenn auch nicht im Denken, so doch ganz sicher im Innersten ihres Wesens.

Überall auf der Welt, ob in den reichen und angeblich so fortschrittlichen Industriestaaten oder in der tiefsten Abgeschiedenheit des Dschungels, erzählen sich Menschen Märchen und erklären ihren Kindern anhand von Mythen, was an sich unerklärlich erscheint - die Erschaffung der Welt zum Beispiel oder der Tod und das Reich, in das wir gehen werden, wenn unsere Seele den Körper verlässt.

In Mythen wohnt eine unermessliche Kraft, die es uns ermöglicht, aus der Kleinheit unseres selbstbezogenen Ichs in eine Welt voller Größe, göttlicher Liebe, edler Taten und Vollkommenheit hinüberzuwechseln und verstehen zu lernen, was in uns vorgeht, welche Wünsche, Hoffnungen, Sehnsüchte wir haben und wie wir unsere Aufgaben bewältigen können.

Ein Kind, von seiner Klassenlehrerin einmal gefragt, was ein Mythos ist, hat die kluge Antwort gegeben: »Ein Mythos ist etwas, das innen wahr ist, aber nach außen hin nicht wahr ist.« Ein Erwachsener, gebildeter Mensch, hätte das nicht annähernd so gut ausdrücken können. Auf der Ebene unseres alltäglichen Seins ist ein Mythos nicht wahr, aber je tiefer wir hinabsteigen auf den Grund unserer Seele, desto näher kommen wir seiner Wahrheit. Und wenn wir lernen zuzuhören und uns auf die Bilder der Mythen und Märchen einzulassen, dann enthüllen sie uns die Geheimnisse unserer Seele.

Wie können Märchen helfen?

Wenn wir verstanden haben, dass Mythen und Märchen nicht einfach irgendwelche Geschichten sind, die irgendjemand irgendwann einmal zufällig erfunden hat, sondern Geschichten, die vom Urgrund der menschlichen Seele geborgen wurden, und die uns die Wahrheit des Seins auf einer anderen, tiefer liegenden Ebene erklären, dann können wir auch annehmen, dass Mythen und Märchen uns in Krisensituationen weiterhelfen können.

Die Sprache des Bewusstseins sind Worte,
die Sprache des Unbewussten sind Bilder

Im Bereich des Bewusstseins sind wir im Stande zu verdrängen, was uns zu grausam erscheint und womit wir uns nicht auseinandersetzen wollen. Dann reden wir darüber hinweg und verbannen »das Unaussprechliche« aus unserem Denken. Aber nachts, in unseren Träumen, kommen die verdrängten Ereignisse zu uns zurück, denn das Unbewusste lässt sich nicht ausschalten.

Während der Traum des einzelnen Individuums aus seinem persönlichen (individuellen) Unbewussten kommt, sind Märchen sozusagen Träume, die aus dem kollektiven Unbewussten stammen. Man könnte auch sagen, Märchen und Mythen sind die Träume der Menschheit. Und wie der individuelle Traum sind auch Märchen meist symbolisch verschlüsselt und haben neben dem, was sie uns ganz offenkundig erzählen, oft auch noch eine hintergründige Botschaft zu vermitteln. Wollen wir diese »Botschaft hinter der Botschaft« ganz verstehen, müssen wir das Märchen deuten. Dieses Deuten, dieses sich mit dem Thema des Märchens auseinandersetzen und sich drauf einlassen ist das, was uns hilft, unsere Gefühle zu ergründen, Zusammenhänge zu verstehen und Lösungen für uns zu finden.

Die Kraft der Märchen liegt also im intensiven Umgang mit ihnen. Wir alle kennen das aus unserer Kindheit. Das eine Märchen haben wir gehört, bestaunt und dann beiseite geschoben. Das andere wollten wir aber wieder und wieder hören - denn es vermittelte uns ein tiefes Wissen über etwas, das gerade jetzt für uns wichtig war und das wir deshalb ergründen wollten.

Das ist die Art, wie Kinder ein Märchen »interpretieren«. Sie hören hin, immer und immer wieder, bis ihre Seele die wichtige Botschaft verstanden hat und sie sich wieder etwas Anderem zuwenden können.

Die Märchen, die ich für Sie ausgewählt habe, behandeln verschiedene Aspekte von Tod, Trauer und Abschiednehmen. Die Interpretationen, die ich dazu anbiete, sind aber alleine und ausschließlich für Erwachsene gedacht. Sollten Sie einem Kind ein Märchen vorlesen, dann anfangen Sie keinesfalls an zu interpretieren, sondern warten Sie ab, wonach es fragt, was es bereit ist zu sehen und selbst aufdecken will. Hören Sie vor allem zu, und wenn das Kind eine Frage hat, geben Sie ihm eine klare und verständliche Antwort.

Märchen können ebenso wie Träume auf vielfältige Weise erfahren und interpretiert werden, und Interpretationen sagen immer auch etwas über den Interpretierenden aus. Ich versuche in meiner Arbeit die Zusammenhänge zu erspüren und das Augenmerk des Lesers auf das zu richten, was mir thematisch passend und wichtig erscheint. Selbstverständlich fiele eine Interpretation entsprechend anders aus, würde man eine andere Perspektive wählen. Das beinhaltet aber auch, dass eine Interpretation niemals falsch oder richtig sein kann.

Der Tod im Märchen

Kaum etwas wird in unserer Gesellschaft derart tabuisiert und negativ betrachtet wie der Tod. Doch der Tod gehört zum Leben wie der Schatten zum Licht.

Es gibt kaum eine Facette menschlicher Existenz, mit der sich Märchen und Mythen nicht beschäftigen würden. So begegnet uns im Märchen auch immer wieder der Tod und fordert uns auf, ihn anzunehmen und zu verstehen. Er zeigt sich uns in den verschiedensten Gestalten. Manchmal ist er erschreckend und fürchterlich, zieht als klapperndes Gerippe unter einem schwarzen Umhang oder als Schnitter und Sensenmann umher. In anderen Märchen wird er wieder als wunderschöner Jüngling beschrieben oder als Ritter, der noch schöner als die Sonne ist, oder er wird gar »Bruder« genannt. Oft ist er auch weiblich und zeigt sich als schwarze Alte oder grausame Menschenfresserin. Aber auch als Göttin oder gütige Mutter, die einen heimholt in ihren Schoß oder als schöne, edle Dame begegnet uns der Tod in Märchen und Mythen.

Doch auch mit der ewigen Sehnsucht der Menschen, den Tod zu überlisten oder ihm auf immer zu entfliehen, beschäftigt sich das Märchen. Und wer genau hinsieht, kann in den Märchenbüchern der Welt sogar entdecken, was uns erwartet, wenn wir tatsächlich Ersatzteillager menschlicher Organe klonen oder den absolut gesunden Menschen, der einhundert, zweihundert, tausend Jahre alt wird. Keine sehr schönen Aussichten, da ist der Tod gnädiger.

Wie schon gesagt: Dem Märchen ist nichts fremd, und wer sucht und lernt hinzusehen, wird in Märchen und Mythen auf alles, was ihn bewegt, eine Antwort finden.

Der Tod als Symbol

Oft ist der Tod im Märchen aber auch als Destruktion zu verstehen, die sich auf geistige Prozesse bezieht. Dann ist er ein Symbol der Wandlung - durch ihn endet etwas Altes, damit etwas Neues aufkeimen kann.

»Und solange du das nicht hast, dieses: Stirb und werde! bist du nur ein Gast auf der dunklen Erde«, schrieb in diesem Sinne Johann Wolfgang von Goethe.

So steht der Tod nicht nur für das konkrete Ende eines Lebens sondern auch:

für das überschreiten einer Grenze
für die Suche nach Erfüllung und Fruchtbarkeit
für Krankheit und Gesundung
für einen Neuanfang
für den Wunsch oder die schicksalhafte Aufforderung, sich zu verändern

Eingefahrene Gewohnheiten, die vielleicht einmal nützlich waren, nun aber eher hinderlich sind, müssen überdacht und verändert werden. Blockaden müssen losgelassen werden. Für neue geistige Prozesse muss Platz geschaffen und schmerzliche Trennungen müssen durchgestanden werden.

Aber das alles ist leichter gesagt als getan, und oft stirbt man dabei wirklich »einen kleinen Tod«.

Sterben, tot sein - was ist das?

Diese Frage ist so alt wie die Menschheit. Theologen, Philosophen, Dichter, Ärzte und Schamanen, Wissenschaftler und Menschen wie du und ich haben versucht, darauf eine Antwort zu finden, und so sind unzählige Erklärungsmodelle entstanden.

Der Tod biologisch gesehen

Im Lexikon wird der biologische Tod folgendermaßen definiert: Tod nicht rückgängig zu machende Beendigung der biologischen Prozesse in einem Organismus.

Das beinhaltet bei Menschen und höheren Tieren den Stillstand des Blutkreislaufs und des Herzens, Stillstand der Atmung und aller Reflexe und das Erlöschen der Aktionsströme im Gehirn.

Da diese Funktionen nicht alle gleichzeitig zusammenbrechen, kann auch nicht sofort nach dem letzten Atemzug vom absoluten Tod ausgegangen werden und es ist einige Minuten lang (in wenigen Ausnahmefällen sogar noch bis zu einer halben Stunde) eine Wiederbelebung möglich. Während dieser Zeitspanne spricht man vom »klinischen Tod«. Wurde reanimiert, das heißt der bereits klinisch Tote durch Herzmassagen und Beatmung ins Leben zurückgeholt, hängt die Qualität des wiedererlangten Lebens davon ab, wie weit sich das Gehirn erholen kann. Denn schon drei bis vier Minuten nach Stillstand des Kreislaufs kann von einer vollen Wiederherstellung nicht mehr ausgegangen werden.

Ist das Gehirn unrettbar verloren, spricht man vom Gehirntod. Zwar können in dieser Phase unter Umständen Blutkreislauf und Atmung noch künstlich in Gang gehalten werden, der Betroffene wird jedoch nie wieder in ein bewusstes Leben zurückkehren.

Erst bei endgültigem Stillstand des Kreislaufs spricht man vom biologischen bzw. »absoluten« Tod.

Diese Unterscheidungen sind äußerst wichtig für Ärzte, die Organverpflanzungen vornehmen, denn erst wenn der Gehirntod diagnostiziert ist, darf ein Organ entnommen werden - der Blutkreislauf sollte bei einer Entnahme jedoch möglichst noch bestehen.

Der Tod aus philosophischer Sicht

Die Philosophie bemüht sich um eine Sinndeutung des Todes, aus der sich eine Weisung für die Lebensgestaltung und/oder eine Antwort auf die Frage nach einem Leben nach dem Tod ziehen lässt.

Sehr oft wird der Tod mit einer Art Schlaf verglichen. Wir finden diese Analogie in der Antike bei Dichtern und Denkern wie z. B. Homer, Platon, Cicero, Aristoteles, Horaz und vielen anderen. Aber auch moderne Autoren sprechen von »Todesnacht« (Körner), vom »ewigen Schlaf« oder vom »letzten Schlaf«.

Andere betrachten den Tod nicht so sehr als Zustand sondern als »Übergang« in ein anderes Leben, wie wir es unter anderem in unzähligen keltischen Mythen nachlesen können. Voraussetzung für dieses Denkbild ist allerdings der Glaube an die Existenz einer Seele und deren Unsterblichkeit.

Für Philosophen und Denker, die die Existenz einer Seele abstreiten, bedeutet der Tod die totale Vernichtung.

Der Tod aus religiöser Sicht

Für Christen ist der Tod eine Art Heimkehr in den Schoß Gottes und wird mit Begriffen wie »ewige Ruhe« und »immer während er Frieden« assoziiert. Aber auch Sühne (Fegefeuer und Hölle) und Recht-Fertigung (jüngstes Gericht) spielen in religiöser Hinsicht eine Rolle. Im Gegensatz zu den Juden, die noch immer auf den »Erlöser« warten, vertrauen die Christen darauf, das Jesus Christus durch seine Auferstehung die Menschen erlöst und den Tod für sie überwunden hat. Der Tod ist für den Christen darum eine Art Schlafzustand, aus dem er am Tag des jüngsten Gerichtes erwachen wird.

In anderen Glaubenstraditionen existierten und existieren aber auch andere Vorstellungen vom Leben und Sterben. So versuchten orientalische Weise mit Hilfe von Gebeten und Meditationen ihr wahrnehmendes Bewusstsein zu schärfen und erkannten sich darüber als reine Erfindung des Geistes.

Tantrische Buddhisten gingen davon aus, dass die Welt der Toten nur eine Art Zwischenzustand ist, aus der heraus Seelen reinkarnierten, und sie versuchten, sich durch ihre Lebensführung auf diese Reinkarnation vorzubereiten, bzw. Einfluss auf sie zu nehmen.

In der Türkei entdeckten Archäologen eine Grabstätte, die etwa hunderttausend Jahre zuvor von Neandertalern angelegt worden war. Die Überreste, die man in dieser Grabstätte fand, zeigten, dass diese frühen Menschen ihre Toten auf einem Bett von Blumen und blühenden Zweigen bestatteten, woraus der Schluss gezogen werden kann, dass für sie eine Bestattung Anlass zu einer Feierlichkeit bot, und dass sie an den Übergang in eine andere Welt glaubten.

Auch im Glaubensbild der Heiden war die Idee der Wiedergeburt und Erneuerung grundlegend verwurzelt. Die »Große Göttin« war immer genau so eng mit dem Tod wie mit dem Aspekt des Gebärens verbunden und galt als »Herrscherin über den Kessel der Erneuerung«. In diesen Kessel gingen die Seelen nach ihrem Tode, und aus ihm heraus wurden sie wiedergeboren. Das Leben und das Sterben wurden als sich ergänzende Seiten desselben Kreislaufs gesehen und garantierten durch ihr rhythmisches Zusammenwirken das Überleben der materiellen Welt. Tod und Geburt waren gleichwertig - zwei Wege führten durch dasselbe Tor: der eine hinein, der andere hinaus.

Übrigens war die Reinkarnation bis 553 n. Chr. auch im Christentum verankert, wurde dann aber durch das 2. Konzil von Konstantinopel offiziell abgeschafft.

Trauern und gesunden

Besonders der plötzliche und zu frühe Tod eines geliebten Menschen ist eine Katastrophe für die Hinterbliebenen. Gefühle wie Traurigkeit, Verlorenheit, Sehnsucht werden von Gefühlen wie Wut und sogar Hass abgelöst, was wiederum ein schlechtes Gewissen zur Folge hat. Solch ambivalente Emotionen sind aber ein natürlicher Teil des Trauerprozesses und sollten deshalb nicht unterdrückt werden.

Die Zeit der Trauer und des Loslassens möchte ich in drei Hauptphasen einteilen:

1. Das Erstarren:

Man will den Tod des geliebten Menschen nicht wahrhaben. Eine Phase, die einige Stunden, manchmal auch mehrere Tage andauern kann.

2. Das Wechselbad der Gefühle:

Trauer, Depression, Ohnmacht, Wut auf den Verstorbenen oder auf andere wechseln sich ab.

Wir suchen nach »Schuldigen«. Kinder, die trauern, neigen in dieser Phase dazu, vor allem sich selbst die Schuld am Weggehen des geliebten Menschen zu geben. Diese Phase kann Monate, ja sogar Jahre dauern.

Menschen, die ihre Trauer und die damit einhergehenden ambivalenten Gefühle offen ausleben, können diese Phase meist schneller abschließen, als Menschen, die ihren Schmerz, ihre Sehnsucht, ihre Wut verdrängen oder nicht leben dürfen. Es kann passieren, dass in solchen Fällen die Trauer nie abgeschlossen wird. »Trauerkrankheit« und Depression sind die Folge.

3. Das Loslassen und Sich-Trennen:

Der Verstorbene nimmt einen neuen Platz im Leben des Hinterbliebenen ein. Er wird zu einer Art »innerem Begleiter« oder auch »Schutzengel« für ihn. So kann sich der Hinterbliebene nun wieder dem Leben zuwenden und einen neuen Bezug zu seinen Mitmenschen herstellen.

4. Manche Autoren sprechen von einer vierten Phase und meinen damit den Neubeginn, der auf die Akzeptanz folgt.

Trauern Männer weniger lang?

Männer erwecken oft den Eindruck dass sie schneller über Tod oder Trennung hinwegkommen, als das bei Frauen der Fall ist. Aber der Schein trügt! Männer benötigen dieselbe Zeit, um einen Verlust zu verarbeiten, nehmen sie sich jedoch oft nicht. Der Grund darin liegt in ihrer Sozialisation. Schon als Kinder hören sie: »Jungen weinen nicht, Jungen müssen tapfer sein!« Später, im Beruf, werden sie darauf getrimmt: »Mann hat erfolgreich zu sein, und erfolgreich ist nur, wer sich nicht von Gefühlen leiten lässt!« So wundert es niemanden, dass Männer Schwierigkeiten haben, sich ihren Gefühlen und ihrer Trauer zu stellen.

Außerdem spielt bei Männern der älteren Generation oft auch der Versorgungsaspekt eine wichtige Rolle. Sie sind es nicht gewöhnt, alleine zu leben, sich selbst zu versorgen, brauchen jemanden, der sich um sie 'kümmert' - auch emotional.

Aus diesem Grund gehen verwitwete oder geschiedene Männer im Allgemeinen früher wieder Beziehungen ein als Frauen, häufig schon nach wenigen Monaten bzw. dem offiziellen Trauerjahr. Aber der frühe Wechsel in eine neue Partnerschaft hat oft fatale Folgen. Die »neue Frau« kann sich nicht selbst in die Partnerschaft einbringen, sondern muss gegen die frühere Partnerin konkurrieren. Sie hat oft keine Chance, um ihrer selbst Willen geliebt zu werden.

Zum Glück erziehen junge Eltern ihre Söhne nicht mehr nach den alten Vorbildern. Immer öfter dürfen Jungen auch zu ihren Gefühlen stehen und lernen, sich zu emanzipieren.

Kinder und der Tod

Die achtjährige Tochter einer Freundin kam eines Tages von der Schule nach Hause und erzählte: »Heute ist die Frau Beles gestorben. Ich bin froh, denn jetzt ist sie bei Gott und braucht nie wieder Schmerzen zu haben.«

Frau Beles war die Frau des Schulhausmeisters, die an Knochenkrebs erkrankt war. Man hatte ihr den linken Arm und die Schulter entfernt, wodurch sie sehr entstellt war. Ihre Krankheit, die durch die Operation »sichtbar« gewordenen Schmerzen und der bevorstehende Tod hatten die Tochter meiner Freundin sehr beschäftigt, und sie wollte immer wieder mit ihrer Mutter darüber reden.

An diesem Beispiel ist zu sehen, dass Kinder mit dem Tod meist recht natürlich und arglos umgehen, denn in ihrer Welt gibt es mehr Engel als Teufel und dort hat die Vorstellung vom Nichts und vom ewigen Ende keinen Platz. Sie sind fest davon überzeugt, dass es auch nach dem Tod etwas geben muss, eine Art Paradies, wo Gott wartet und wo das Schöne und Gute zu Hause ist, und das ist meist sehr tröstlich für sie.

Natürlich ist es ein großer Unterschied, ob »nur« die Frau des Hausmeisters stirbt oder ein Elternteil, die geliebte Oma oder ein Geschwister. Aber auch dann ist nicht der Tod an sich das Problem, sondern das Verlassen werden und die Trauer darum, den geliebten Menschen verloren zu haben.

Eine Studie der Columbia-Universität von New York

Es existiert eine Studie der Columbia-Universität von New York (2000), in der 157 Kinder (und ihre Eltern) von Prof. Grace Christ und ihrem Team vor, während und nach dem Tod eines Elternteils beobachtet wurden. Es ist die erste Studie, die sich mit dem Trauerverhalten von Kindern beschäftigt. Diese Studie zeigt, dass Kinder erstens ihrem Alter gemäß unterschiedlich trauern, und dass zweitens ihr Trauerverhalten zu dem der Erwachsenen grundlegend verschieden ist. Diese sind oft schockiert und reagieren mit Unverständnis, was zu großen Spannungen innerhalb der Familie führen kann.

Nachfolgend drei Fälle, die Prof. Christ in ihrer Studie beschreibt:

Beispiel 1:

Ein siebenjähriger Junge machte seinen Vater für den Tod seiner Mutter verantwortlich, weil er sie einer Gehirnblutung wegen in eine Klinik gebracht hatte, wo sie dann verstarb.

»Die Ärzte haben sie getötet. Wie konntest du sie bloß dahin bringen?«, warf er dem Vater immer wieder hasserfüllt vor.

Beispiel 2:

Ein dreizehnjähriges Mädchen, dem man gerade erst mitgeteilt hatte, dass ihr Vater schon bald an Krebs sterben würde, ging danach fröhlich zu einer Verabredung mit ihrer Freundin. Ihre Eltern waren entsetzt über so viel »Herzlosigkeit«. Sie verstanden nicht, dass ihre Tochter diese Nachricht emotional nicht bewältigen konnte und sie darum verdrängen musste.

Beispiel 3:

In einem anderen Fall erkrankte die Mutter eines sechsjährigen Mädchens an Krebs. Sie versuchte, so offen wie möglich mit ihrem bevorstehenden Tod umzugehen und sprach darum sehr häufig über das Sterben und ihre Vorstellungen von

Reinkarnation. Sie erzählte dem Kind, dass Seelen nicht wirklich sterben, sondern immer wieder auf die Erde zurückkehren.

Nach einiger Zeit sprach das Kind vom Tod der Mutter wie von einem aufregenden Ereignis, das bald stattfinden wird. Doch als die Mutter dann tatsächlich gestorben war, litt die Kleine monatelang an heftigen Weinkrämpfen, Wutausbrüchen und Alpträumen. Sie konnte nicht verstehen, warum ihre Mutter nicht schon längst wiedergeboren war, und warum ihr plötzlich alle erzählten, dass sie nie zurückkommen wird.

Der Begriff Tod ist vor allem für jüngere Kinder unfassbar. Oft glauben sie, dass der Verstorbene nur vorübergehend fort ist, weil sie sich nicht vorstellen können, dass jemand für immer verschwinden kann. Aber in diesem Glauben sollte man sie, wie das oben angeführte dritte Beispiel zeigt, keinesfalls unterstützen, auch wenn ihnen das erst einmal Trost schenken könnte.

Wie bereits erwähnt, reagieren Kinder ihrem Alter entsprechend verschieden auf den Tod eines geliebten Menschen. Ich möchte in etwa folgende Regel aufstellen:

3 bis 5 Jahre

In diesem Alter können Kinder nicht ermessen, was Begriffe wie Ewigkeit, Endgültigkeit oder »für immer« bedeuten, deshalb kann es sein, dass sie auch noch wochen- und monatelang nach dem Tod eines geliebten Menschen fragen, wann er oder sie endlich wiederkommt.

Wichtig ist dann, Geduld zu bewahren und möglichst konkrete Antworten zu geben. Aussagen, die die Endgültigkeit des Todes abschwächen sollen, wie: »Die Mami muss dem Lieben Gott im Himmel helfen, auf die Englein aufzupassen«, oder: »Der Papi ist auf eine sehr, sehr lange Reise gegangen!«, mögen gut gemeint sein, verschärfen aber die innere Problematik des »verlassenen Kindes« nur noch mehr.

6 bis 8 Jahre

In diesem Alter versteht ein Kind zwar bereits, dass das Sterben etwas Endgültiges ist, koppelt den Tod des geliebten Menschen aber sehr häufig an sich und sein eigenes Verhalten. Tief in seinem Inneren ist es davon überzeugt, dass Mama, Papa oder Oma gestorben ist, weil es selbst böse war.

Von solchen Schuldgefühlen geplagt, reagiert das Kind oft sehr verstockt oder aggressiv, spricht vielleicht sogar davon, selbst tot sein zu wollen, so als könnte es den Tod des geliebten Menschen durch den eigenen Tod rückgängig machen.

Gerade auch mit Kindern dieser Altersgruppe sollte man deshalb sehr behutsam umgehen, und man sollte immer wieder mit ihnen über schöne Erlebnisse mit dem Verstorbene reden und ihnen erzählen, wie lieb er sie hatte.

9 bis 14 Jahre

In diesem Alter neigen Kinder dazu, den Schmerz um den Sterbenden oder bereits Verstorbenen zu verdrängen. Tod und Trauer sind jetzt bereits so komplex, dass sie Angst haben, nicht damit fertig und von ihren Gefühlen überwältigt zu werden. Hinzu kommt die Scham, Gefühle zu zeigen, weshalb sie nur in unbeobachteten Momenten weinen und sich ansonsten eher »cool« geben. Eltern sollten dies respektieren und Vorwürfe vermeiden.

15 bis 18 Jahre

Jugendliche und junge Erwachsene trauern ähnlich intensiv, oft sogar noch intensiver als Erwachsene. Eine Pastorin hat mir einmal erzählt, dass gerade Jugendliche dieser Altersgruppe oft an Gräbern »zusammenbrechen«. Ein Grund hierfür mag sein, dass sie für alt genug gehalten werden, mit ihrer Trauer und ihren Gefühlen wie ein Erwachsener zurecht zu kommen, aber dabei vergessen wird, dass ihnen jegliche Erfahrung mit Tod und Trauer fehlt, und dass sie gemessen an solchen Extremsituationen eben doch noch »Kinder« sind und Trost und Zuspruch brauchen.

Aber egal wie seltsam und unverständlich Eltern die Reaktionen ihrer Kinder auch erscheinen mögen, sie sollten immer davon ausgehen, dass die kindliche bzw. jugendliche Art zu trauern eine andere als ihre eigene ist. Besser sollten sie versuchen, auf Aggressionen, Vorwürfe, Wut und Hass oder scheinbare Gleichgültigkeit mit Geduld und Verständnis zu reagieren. All diese Gefühle gehören zum Trauerprozess und nur wenn sie zugelassen werden, kann irgendwann das nachfolgende Loslassen des Verstorbenen folgen.

Wie wir helfen können, wenn jemand starb

Was können wir tun für einen Freund, Verwandten oder Nachbarn, der einen geliebten Menschen verloren hat und Beistand braucht?

Albert Schweitzer sagte einmal: »Heilen, das können wir selten, mindern, das können wir oft, aber trösten, das können wir immer.«

Eine junge Frau, die ihren Vater verloren hat, weil er sich erhängte, antwortete auf die Frage, was ihr beim Trauerprozess geholfen hat:

»Mein Freund half mir, indem er einfach nur da war und mein Gefühlschaos ertrug. Das war nicht leicht für ihn, aber weil er es aushielt, habe ich wieder Vertrauen ins Leben gefunden. Einfach nur da sein, das hört sich nach nicht besonders viel an, aber es ist mehr, als die meisten geben können. Zwischendrin haben wir uns sogar einmal getrennt, weil es ihm einfach zu viel wurde, aber dann haben wir doch wieder zusammengefunden.«

Und dieselbe Frau erzählte: »Am Anfang war der Druck so ungeheuer stark, dass ich jedem Menschen, den ich kennen lernte sagen musste: Ich heiße Elvira, und ich habe meinen Vater verloren, weil er sich erhängt hat. Ich musste das mitteilen, musste erzählen, was mir da passiert war. Dadurch konnte ich mein Leid immer wieder teilen, so lange teilen, bis es sich auf ein für mich erträgliches Maß reduziert hatte. Ansonsten wäre ich zugrunde gegangen.«

Was wir tun können, ist also zuhören. Wir müssen nichts sagen, es reicht, wenn wir da sind und nicht urteilen über das, was Elvira »Gefühlschaos« nennt

- ein Wust aus Liebe, Trauer, Erhöhung des Toten, Sehnsucht nach ihm, Wut, Hass und Verzweiflung.

Der unschätzbare Wert einer Selbsthilfegruppe

Nicht immer gibt es aber jemanden wie Elviras Freund, der es auf sich nimmt oder nehmen kann, einen Menschen durch die Zeit der Trauer zu begleiten, und manchmal - so wie im nachfolgenden Fallbeispiel - werden durch den Tod auch engste und intimste Beziehungen in Frage gestellt. Dann kann es von unschätzbarem Wert sein, den Weg in eine Selbsthilfegruppe zu finden.

Sie hieß Ella und war ein wunderschönes Baby. Mit ihrem fröhlichen Lachen hat sie die ganze Familie verzaubert. Und dann fand die Mutter sie eines Morgens tot im Bett. Sie lag auf dem Bauch. Sie atmete nicht mehr. Ella, noch nicht einmal ganz vier Monate alt, war gestorben, während die Eltern nichtsahnend schliefen.

»Für das, was dann kam, kann ich kaum Worte finden«, erzählt die junge Frau, die damals 24 Jahre alt war. »Der Schmerz war so unbeschreiblich groß. Warum Ella, fragten wir uns immer wieder, und warum überhaupt. Und dann all die Menschen um uns hin, die scheinbar emotionslos ihren Pflichten nachgingen, während wir selbst dem Wahnsinn nahe waren. Der Notarzt, die Schutzpolizei, die Kripo ... schließlich wurde Ellas Leichnam >beschlagnahmt< und abgeholt, denn Ella musste obduziert werden, weil keine eindeutige Todesursache festgestellt werden konnte.

Und dann, nach vier Tagen endlos scheinenden Wartens, die endgültige Diagnose: Plötzlicher Säuglingstod.

Plötzlicher Säuglingstod - das war so unfassbar! Wenn es Nierenversagen oder irgendein Virus oder sonst etwas Nachweisbares gewesen wäre, dann hätte es doch wenigstens einen >Grund< für unser Leid gegeben, etwas, womit wir etwas hätten anfangen können. Ich hätte einen Schuldigen gehabt. Das Virus eben oder das Versagen der Nieren. Aber so ... unser Kind einfach nur tot?

Mein Mann und ich fingen an, bei uns selbst nach den Ursachen für das, was geschehen war, zu suchen und uns gegenseitig Vorwürfe zu machen.

»Hättest du sie nur nicht auf den Bauch gelegt«, sagte mein Mann, als er gelesen hatte, dass ein möglicher Grund des plötzlichen Kindstodes sein könnte, dass Babys in Bauchlage einen Teil ihrer Ausatemluft rückatmen, was zu Problemen in der Atemregulation führen kann. Aber ich hatte das doch getan, um Ella zu schützen! Wenn Babys auf dem Rücken schlafen, hatte meine Mutter immer gesagt, würden sie vielleicht an Erbrochenem ersticken.

Ich wiederum warf ihm vor, dass er in Ellas Beisein geraucht hatte, denn auch das ist, wie wir später erfuhren, ein Risikofaktor. Und mir selbst warf ich vor, dass ich so wenig Milch gehabt hatte, dass ich schon nach einer Woche abstillen musste. Schließlich heißt es doch, dass das Stillen ein zusätzlicher Schutz gegen den plötzlichen Säuglingstod darstellt.

An solchen Vorwürfen und Selbstvorwürfen wäre unsere Beziehung beinahe zerbrochen. Statt in diesen schweren Zeiten füreinander da zu sein, beschuldigten wir uns gegenseitig. Statt miteinander zu trauern, fingen wir an, uns in Hass zu flüchten. Und Freunde und Verwandte sahen hilflos dabei zu. Manche von ihnen mieden uns sogar, aus Angst, in unsere Streitereien hineingezogen zu werden, oder weil es ihnen ganz einfach unangenehm war, das immer wieder miterleben zu müssen.

Ich glaube, unsere Ehe wäre an Ellas Tod zerbrochen, wenn da nicht eine Tante gewesen wäre, die uns diese Adresse von der Selbsthilfegruppe gegeben hat. Geht doch mal da hin, unterhaltet euch mit den Leuten. Die wissen Ales davon, und ihr lernt andere Eltern kennen, denen es wie euch ergangen ist, hatte sie gesagt.

Anfangs wollte Mark das nicht. Er sagte, er wolle nicht an sich herum therapieren lassen, auch nicht von irgendeiner Selbsthilfegruppe. Außerdem mussten wir fast eine Stunde mit dem Auto fahren, und es war Februar und die Straßenverhältnisse waren sehr schlecht. Aber dann ließ er sich doch überreden, und ich muss sagen, das war das Beste, was uns in dieser Situation passieren konnte. Zu erfahren, dass es auch andere Menschen gab, denen so etwas Unfassbares zugestoßen ist, dass wir nicht alleine damit stehen, hat uns aus der Isolation geholt. Und dass uns diese Leute in vielen Gesprächen das Gefühl nahmen, schuld sein zu müssen. Sie haben uns geholfen, uns dem zuzuwenden, was wirklich wichtig war: der Trauer. Wir mussten endlich anfangen zu trauern, sonst konnten wir Ellas Tod nie überwinden!

Zum Trauern gehört, das, was geschehen ist anzunehmen, sich mit der schmerzlichen Tatsache auseinander zu setzen. Solange wir aufeinander rumgehackt haben, war dafür keine Zeit. Jetzt plötzlich wurden wir mit unserem Schmerz unerbittlich konfrontiert. Dieser endgültige Abschied tat sehr weh, aber er hatte auch etwas Heilendes. Ganz langsam fanden wir wieder zu uns und schließlich auch wieder zueinander.

Mein Mann war es, der als erster wagte, davon zu sprechen, wieder ein Kind zu haben. Anfangs wollte ich nichts davon hören. Schon der Gedanke daran versetzte mich in Angst und Schrecken. Aber nach und nach konnte ich mich doch wieder darauf einlassen - wenigstens in der Vorstellung.

Inzwischen sind fast vier Jahre vergangen, und unser Sohn Kai ist geboren. Seit er auf der Welt ist, sind die alten Wunden wieder aufgebrochen und ich leide entsetzlich unter der Angst, mit Kai könnte dasselbe passieren wie mit seiner Schwester, die er nie kennen lernen konnte. Er ist jetzt drei Monate alt und gehört damit statistisch gesehen zur »Hochrisikogruppe«.

Meine Angst kann mir niemand nehmen. Damit muss ich leben und zurechtkommen. Ich sage mir immer wieder, dass es so gut wie unmöglich ist, dass dieses Schicksal dieselbe Familie zweimal ereilt. Ich lenke mich ab und versuche, nicht zu viel über alles nachzudenken. Und ich zähle die Tage, denn je älter Kai ist, desto geringer ist das Risiko.«

Die Kraft der Märchen im Trauerfall

Der Verlust eines geliebten Menschen ist für ein Kind eine kaum tragbare Bürde. Um solch einen unerträglichen Schmerz überhaupt verarbeiten zu können, muss ein Kind die Möglichkeit bekommen, sich immer wieder gedanklich, verbal und aktiv (z.B. durch Märchen erzählen, Malen, Spielen) mit seiner Trauer auseinander zu setzen. Aber wir alle wissen, wie schwierig es ist, ein heikles Thema anzupacken.

Weil man nicht weiß, wie man anfangen soll oder wie man das, was man sagen will, ausdrücken könnte, lässt man es lieber gleich bleiben. Das Vorlesen eines Märchens kann der Interaktion von Kindern und Erwachsenen als Gesprächsgrundlage und -angebot dienen und ganz leicht diese schwierige Hürde des Soll-ich-oder-soll-ich-nicht nehmen. Das Märchen wirft nicht nur wichtige Fragen auf, sondern hilft auch, Antworten zu finden, und das Kind hat es selbst in der Hand, ob und inwieweit es darauf eingehen und mit welcher Figur es sich identifizieren will.

Dabei sollten Erwachsene dem Kind aufmerksam zuhören. Nicht nur, um etwas über seine innersten Nöte zu erfahren - ob es sich zum Beispiel schuldig fühlt am Tod des Verstorbenen - sondern auch, um dem Kind die dringend benötigte Aufmerksamkeit zu geben.

Aber es soll hier nicht der Eindruck entstehen, Märchen seien nur für Kinder eine Lebenshilfe. Sie können auch in besonderem Maße trauernden Erwachsenen Trost und Mut spenden oder ihnen einen Weg weisen durch ihren Schmerz. Bis ins 19. Jahrhundert wurden Märchen in Spinnstuben oder abends auf der Ofenbank in der Kuchl vor allem für Erwachsene erzählt.

Zehn Märchen und ihre besondere Bedeutung für ein gelingendes Leben

»Nichts kann so schlecht sein, dasses nicht auch seine guten Seiten hätte«, heißt es. Doch diese guten Seiten sind dem Tod meist nur schwer abzuringen, denn er nimmt uns im Laufe eines langen Daseins nicht nur die liebsten Menschen, sondern am Schluss auch noch das eigene Leben.

Zu sehen und zu verstehen, dass der Tod nicht nur als Vernichter existent ist, sondern auch den Boden für etwas Neues bereitet, ist darum auf der abstrakten Ebene leichter. Aus diesem Grund möchte ich an den Anfang meiner Märchenbesprechungen den Tod in seiner Funktion als »Wandler« stellen.

Stirb und werde - von Frau Holle und Marie

Das wohl bekannteste Märchen in diesem Sinne ist das Märchen von der Hollermutter (Frau Holle). Weil es so gut wie jeder schon einmal gehört oder gelesen hat, brauchen wir es hier nicht noch einmal zu erzählen, sondern können gleich auf den Inhalt eingehen.

Leider wird meiner Meinung nach dieses Märchen von sehr feministisch geprägten Frauen immer wieder falsch interpretiert und darum völlig zu Unrecht in eine Negativschublade gesteckt. Es geht überhaupt nicht darum, dass Mädchen lernen sollen ihre (haus-)fraulichen Pflichten zu erfüllen, weil ihnen sonst nichts als Schimpf und Schande droht, sondern vielmehr darum, dass wir alle - männlich wie weiblich - in uns Ordnung schaffen müssen, wenn wir ganz werden wollen.

Das Märchen beginnt damit, dass Marie (sie könnte ebenso gut Hans heißen) die gute Kinder-Mutter verliert und diese durch eine frustrierende Stief-Mutter ersetzt wird. Außerdem kommt mit der frustrierenden Stief-Mutter auch Maries dunkle Seite ins Spiel, und zwar in Gestalt einer Stiefschwester. Die beiden Seiten, die dunkle und die helle, konkurrieren miteinander und liegen im Widerstreit miteinander. Die helle ist freundlich, angepasst und immer fleißig, die dunkle ist faul, frech und aggressiv.

Die Geschichte kommt ins Rollen, als sich Marie an einer Spindel sticht und blutet, was als Hinweis auf die einsetzende Menstruation zu verstehen ist. Anders ausgedrückt: Die Protagonistin (oder Hans, wenn es ein Junge wäre) kommt in die Pubertät und muss von der Kindheit Abschied nehmen, um erwachsen zu werden.

Um das Blut abzuwaschen, geht Marie zum Brunnen und dabei fällt sie hinein. Das ist die Todesszene im Märchen. Hier stirbt das Kind, verlässt durch eine Brunnenröhre die alte Welt, um in einer neuen Welt als junge Erwachsene wiedergeboren zu werden.

Auf ihrem Weg durch diese neue Welt, in der sie die Geheimnisse des Lebens kennen lernen soll und der Mutter- und Todesgöttin Holle begegnen wird, durchläuft sie die vier Jahreszeiten, die den Lebenszyklus symbolisieren. Der NameFrau Holle ist abgeleitet von »Hel«, dem Namen der nordischen Unterweltgöttin, in deren Reich die Toten leben.

Sie fällt zuerst auf eine bunte Blumenwiese - ein Bild des Frühlings, des Erwachens und Geborenwerdens. Die Saat des Vorjahres ist aufgegangen, Blumen sprießen, um neuen Samen zu bilden. Das ist, was Marie bereits kennt, sie selbst ist ja die Jungfrau, das erblühende Leben.

Als nächstes kommt Marie an einen Backofen und soll fertiges Brot aus ihm herausholen. Dieses Bild symbolisiert einerseits den Sommer (die Hitze im Ofen), andererseits kann der Backofen Metapher für den Mutterleib und Symbol der Wandlung sein; denn im Mutterleib wächst das Kind heran, und im Backofen wird aus Mehl und Wasser unser wichtigstes Grundnahrungsmittel, das Brot.

Brot gilt als heilig, und das nicht nur im Christentum, wo es beim Abendmahl eine zentrale Rolle spielt, sondern auch in vielen anderen Kulturen; das Brotbacken ist als ein dem Leben geweihter Schöpfungsakt zu verstehen. So ist dieses Bild als Hinweis auf kommende

Schwangerschaften zu sehen. Damit sind natürlich nicht nur tatsächliche Schwangerschaften gemeint, sondern all das, was im Leben eines jungen Erwachsenen reift: Partnerschaft, Beruf, Familiengründung, usw.

Als nächstes kommt Marie zu einem Apfelbaum, der abgeerntet werden will. Diese Szene steht für den Herbst und das Ernten der Früchte des Lebens. Der Apfelbaum ist ein Lebensbaum und gilt in der christlichen Mythologie außerdem als Baum der Erkenntnis. Der Apfel selbst ist ein Fruchtbarkeitssymbol und steht u. a. für Liebe und Sexualität. Wenn Marie also die Äpfel erntet (oder das Brot aus dem Ofen holt), tut sie es nicht für Frau Holle oder eine andere Mutterfigur, sie tut es für sich selbst und wird am Schluss auch alleinige Nutznießerin ihrer Mühen sein.

Die vierte und letzte Station ist der Dienst im Haus der Frau Holle. Holle ist ein anderer Name für Hel, die nordische Unterweltsgöttin, in deren Brunnenreich die Toten leben, bis sie wiedergeboren werden. Marie muss Kissen ausschütten, was zur Folge hat, dass es auf der Erde schneit. Eine Allegorie für den Winter und damit auch für den Tod, mit dem Marie sich zu beschäftigen hat, denn der Tod gehört zum Leben, und ohne ihn zu erkennen, wäre sie nicht erwachsen und ihr Weltbild nicht vollständig.

Als Marie alles gelernt hat, wird sie entlassen. Sie tritt durch ein Tor wieder in die obere Welt und erntet für ihre Dienste (für sich selbst) Gold - eine Metapher für inneren Reichtum.

Im zweiten Teil des Märchens geht die dunkle Schwester denselben Weg, und erwartungsgemäß verweigert sie sich. Es ist ja ihre Art und auch ihre Aufgabe. Ohne die Nacht gäbe es den Tag so wenig wie es ohne den Tod das Leben gäbe. Selbstverständlich haben wir alle beide Anteile in uns, und es steht uns jederzeit frei, die eine oder die andere Seite zu leben. Aber wir müssen die Konsequenzen für unser Tun tragen und können nicht erwarten, dass wir für das eine wie für das andere Gold ernten werden. Und genau das lernt Marie bei ihrem zweiten Durchgang.

Um dem Einwand vorwegzugreifen, dass es manchmal besser und sogar lebensnotwendig sein kann, sich zu verweigern: Selbstverständlich! Aber wir sprechen hier von Metaphern und sollten so kreativ mit ihnen umgehen, dass wir sie sinnvoll auf die verschiedensten Lebenssituationen übertragen. Ein Ja kann dann durchaus einem Nein entsprechen oder umgekehrt.

Das Märchen von Marie und der Hollermutter ist ganz im Sinne des Goethewortes »stirb und werde« zu verstehen und führt uns vor Augen, dass es nicht nur den einen Tod gibt, der am Ende unseres Lebens steht, sondern dass wir bis dahin viele Tode sterben müssen. Und immer wird der Abschied schmerzhaft sein.

Auch das Märchen, das ich als nächstes vorstellen und besprechen möchte, beschäftigt sich auf der abstrakten Ebene mit dem Tod. Es ist ebenfalls ein Märchen, das durch die Gebrüder Grimm aufgezeichnet wurde.

Die drei Schlangenblätter

Es war einmal ein armer Mann, der konnte seinen einzigen Sohn nicht mehr ernähren. Da sprach der Sohn: »Lieber Vater, es geht Euch so kümmerlich, ich falle Euch zur Last, lieber will ich selbst fortgehen und sehen, wie ich mein Brot verdiene.« Da gab ihm der Vater seinen Segen und nahm mit großer Trauer von ihm Abschied. Zu dieser Zeit führte der König eines mächtigen Reiches Krieg; der Jüngling nahm Dienste bei ihm und zog mit ins Feld. Und als er vor den Feind kam, so ward eine Schlacht geliefert, und es war große Gefahr und regnete blaue Bohnen, dass seine Kameraden von allen Seiten niederfielen. Und als auch der Anführer nicht blieb, so wollten die Übrigen die Flucht ergreifen, aber der Jüngling trat heraus, sprach ihnen Mut zu und rief: »Wir wollen unser Vaterland nicht zugrunde gehen lassen.« Da folgten ihm die anderen, und er drang ein und schlug den Feind. Der König, als er hörte, dass er ihm allein den Sieg zu danken habe, erhob ihn über alle andern, gab ihm große Schätze und machte ihn zum Ersten in seinem Reich. Der König hatte eine Tochter, die war sehr schön, aber sie war auch sehr wunderlich. Sie hatte das Gelübde getan, keinen zum Herrn und Gemahl zu nehmen, der nicht verspräche, wenn sie zuerst stürbe, sich lebendig mit ihr begraben zu lassen. »Hat er mich von Herzen lieb«, sagte sie, »wozu dient ihm dann noch das Leben?« Dagegen wollte sie ein gleiches tun und wenn er zuerst stürbe, mit ihm in das Grab steigen. Dieses seltsame Gelübde hatte bis jetzt alle Freier abgeschreckt, aber der Jüngling wurde von ihrer Schönheit so eingenommen, dass er auf nichts achtete, sondern bei ihrem Vater um sie anhielt.

»Weißt du auch«, sprach der König, »was du versprechen musst?« - »Ich muss mit ihr ins Grab gehen«, antwortete er, »wenn ich sie überlebe, aber meine Liebe ist so groß, dass ich der Gefahr nicht achte.« Da willigte der König ein, und die Hochzeit ward mit großer Pracht gefeiert.

Nun lebten sie eine Zeit lang glücklich und vergnügt miteinander; da geschah es, dass die junge Königin in eine schwere Krankheit fiel und kein Arzt ihr helfen konnte. Und als sie tot dalag, da erinnerte sich der junge König, was er hatte versprechen müssen, und es grauste ihm davor, sich lebendig in das Grab zu legen, aber es war kein Ausweg: der König hatte alle Tore mit Wachen besetzen lassen, und es war nicht möglich, dem Schicksal zu entgehen.

Als der Tag kam, wo die Leiche in das königliche Gewölbe beigesetzt wurde, da ward er mit hinab geführt und dann das Tor verriegelt und verschlossen. Neben dem Sarg stand ein Tisch, darauf vier Lichter, vier Laibe Brot und vier Flaschen Wein. Sobald dieser Vorrat zu Ende ging, musste er verschmachten. Nun saß er da voll Schmerz und Trauer, aß jeden Tag nur ein Bisslein Brot, trank nur einen Schluck Wein und sah doch, wie der Tod immer näher rückte. Indem er so vor sich hinstarrte, sah er aus der Ecke des Gewölbes eine Schlange hervorkriechen, die sich der Leiche näherte. Und weil er dachte, sie käme, um daran zu nagen, zog er sein Schwert und sprach: »Solange ich lebe, sollst du sie nicht anrühren«, und hieb sie in drei Stücke.

Über ein Weilchen kroch eine zweite Schlange aus der Ecke hervor; als sie aber die andere tot und zerstückelt liegen sah, ging sie zurück, kam bald wieder und hatte drei grüne Blätter im Munde. Dann nahm sie die drei Stücke von der Schlange, legte sie wie sie zusammengehörten und tat auf jede Wunde eins von den Blättern. Alsbald fügte sich das Getrennte aneinander, die Schlange regte sich und ward wieder lebendig, und beide eilten miteinander fort. Die Blätter blieben aber auf der Erde liegen, und dem Unglücklichen, der alles mit angesehen hatte, kam es in die Gedanken, ob nicht die wunderbare Kraft der Blätter, welche die Schlange wieder lebendig gemacht hatte, auch einem Menschen helfen könnte. Er hob also die Blätter auf und legte eins davon auf den Mund der

Toten, die beiden andern auf ihre Augen. Und kaum war es geschehen, so bewegte sich das Blut in ihren Adern, stieg in das bleiche Angesicht und rötete es wieder. Da zog sie Atem, schlug die Augen auf und sprach: »Ach, Gott, wo bin ich?«

»Du bist bei mir, liebe Frau«, antwortete er und erzählte ihr, wie alles gekommen war und dass er sie wieder ins Leben erweckt hatte. Dann reichte er ihr etwas Wein und Brot, und als sie wieder zu ihren Kräften gekommen war, erhob sie sich, und sie gingen zu der Tür und klopften und riefen so laut, dass es die Wachen hörten und dem König meldeten. Der König kam selbst herab und öffnete die Türe, da fand er beide frisch und gesund und freute sich mit ihnen, dass nun alle Not überstanden war. Die drei Schlangenblätter aber nahm der junge König mit, gab sie einem Diener und sprach: »Verwahr sie mir sorgfältig und trage sie zu jeder Zeit bei dir; wer weiß, in welcher Not sie uns noch helfen können.«

Es war aber in der Frau, nachdem sie wieder ins Leben erweckt worden war, eine Veränderung vorgegangen: es war, als ob alle Liebe zu ihrem Manne aus ihrem Herzen gewichen wäre. Als er nach einiger Zeit eine Fahrt zu seinem alten Vater über das Meer machen wollte und sie auf ein Schiff gestiegen waren, vergaß sie die große Liebe und Treue, die er ihr bewiesen und womit er sie vom Tode gerettet hatte, und fasste eine böse Neigung zu dem Schiffer. Und als der junge König einmal dalag und schlief, rief sie den Schiffer herbei und fasste den Schlafenden am Kopf, und der Schiffer musste ihn an den Füßen fassen, und so warfen sie ihn hinab ins Meer. Als die Schandtat vollbracht war, sprach sie zu ihm: »Nun lasst uns heimkehren und sagen, er sei unterwegs gestorben. Ich will dich schon bei meinem Vater so herausstreichen und rühmen, dass er mich mit dir vermählt und dich zum Erben seiner Krone einsetzt.«

Aber der treue Diener, der alles mit angesehen hatte, machte unbemerkt ein kleines Schifflein von dem großen los, setzte sich hinein, schiffte seinem Herrn nach und ließ die Verräter fortfahren. Er fischte den Toten wieder auf und mit Hilfe der drei Schlangenblätter, die er bei sich trug und ihm auf die Augen und den Mund legte, brachte er ihn glücklich wieder ins Leben.

Sie ruderten beide aus allen Kräften Tag und Nacht, und ihr kleines Schiff flog so schnell dahin, dass sie früher als das andere bei dem alten König anlangten. Er verwunderte sich, als er sie alleine kommen sah und fragte, was ihnen begegnet wäre. Als er die Bosheit seiner Tochter vernahm, sprach er: »Ich kann's nicht glauben, dass sie so schlecht gehandelt hat, aber die Wahrheit wird bald an den Tag kommen«, und hieß beide in eine Kammer gehen und sich vor jedermann heimlich halten.
Bald hernach kam das große Schiff herangefahren, und die gottlose Frau erschien vor ihrem Vater mit einer betrübten Miene. Er sprach: »Warum kehrst du allein zurück? Wo ist dein Mann?« - »Ach, lieber Vater«, antwortete sie, »ich komme in großer Trauer wieder heim, mein Mann ist während der Fahrt plötzlich erkrankt und gestorben, und wenn der gute Schiffer mir nicht Beistand geleistet hätte, so wäre es mir schlimm ergangen; er ist bei seinem Tode zugegen gewesen und kann Euch alles Erzählen.« Der König sprach: »Ich will den Toten

wieder lebendig machen« und öffnete die Kammer und hieß die beiden herausgehen. Die Frau, als sie ihren Mann erblickte, war wie vom Donner gerührt, sank auf die Knie und bat um Gnade. Der König sprach: »Da ist keine Gnade, er war bereit, mit dir zu sterben, und hat dir dein Leben wiedergegeben, du aber hast ihn im Schlaf umgebracht. Du sollst deinen verdienten Lohn empfangen.« Da ward sie mit ihrem Helfershelfer in ein durchlöchertes Schiff gesetzt und hinaus ins Meer getrieben, wo sie bald in den Wellen versanken.

(Gebrüder Grimm)

Auch in diesem Märchen geht es nicht um einen konkreten Tod, sondern um einen geistigen Prozess. Das Sterben ist hier als Symbol der Wandlung zu verstehen. Um einem völligen Stillstand entgegenzuwirken, müssen alte Strukturen überdacht, Blockaden gelöst und Standpunkte verändert werden. Doch das ist leichter gesagt als getan. Niemand kann so einfach über seinen Schatten springen, eingefleischte

Überzeugungen durch neue ersetzen, sich von Traditionen freimachen und so weiter.

Trennungen auf der psychischen Ebene können genau so schmerzlich sein, wie das Abschiednehmen von einem geliebten, sterbenden Menschen. Trotzdem können wir sie nicht vermeiden, ohne einen völligen Stillstand zu riskieren! Allem Neuen geht eine Trennung voraus. Das Kind, das geboren wird, wird von der Mutter getrennt, der Schiefer, mit dem wir unser Haus eindecken, wird aus dem Berg gelöst, der Apfel, den wir essen, wird vom Baum gepflückt.

Oberflächlich betrachtet ist das Märchen von den drei Schlangenblättern eine einzige moralische Anklage gegen eine undankbare und untreue Frau, die am Ende fast zu Recht mit dem Tod bestraft wird; ein (vermeintliches) Happyend gibt es nur für den jungen und den alten König. Aber so leicht sollten wir es uns mit den Märchen nicht machen - das Wesentliche liegt ja fast immer unter der Oberfläche verborgen.

Sehen wir noch einmal genauer hin, dann fällt uns auf, dass in diesem Märchen fast ausschließlich von Männern die Rede ist. Männer, die regieren, Krieg führen, Held, treuer Diener, Vater und Gatte sind und das Meer befahren. Eine etwas wunderliche Tochter, die sich dann auch noch zur treulosen Gattenmörderin auswächst, ist die einzige Vertreterin des weiblichen Geschlechts. Keine Mutter, die nähren und bewahren könnte, keine Königin, die die weibliche Seite repräsentiert, keine Dienerin, Schwester, Freundin weit und breit. In der Gesellschaft/Familie, die das Märchen zeichnet, herrscht ausschließlich das männliche Prinzip. Wen wundert es da, dass das Weibliche krankt? Dass die Prinzessin, wie es heißt, etwas wunderlich ist und später dann auch noch kalt und verschlagen sein wird?

Und wunderlich ist sie in der Tat! Ihre Bedingung, dass sie nur den zum Manne nimmt, der sich mit ihr lebendig begraben lässt, befremdet sehr ... wenn auch nicht so sehr, dass man das Märchen hier weltfremd nennen könnte.

Mir fallen durchaus Beispiele aus meiner Praxis ein, die zu vergleichen sind.

Ein Fallbeispiel:

Am deutlichsten lassen sich Parallelen zum Fall einer Frau ziehen, die erst 29 Jahre alt war, als sie zum zweiten Mal vor den Scherben einer Ehe stand. Ihr Mann wollte sich scheiden lassen, weil sich ihm, wie er sich ausdrückte, in ihrer Nähe einfach die Luft zum Atmen fehlte. Sie bestand darauf, wirklich alles gemeinsam zu unternehmen. Er sollte weder alleine zum Sport gehen, Motorrad fahren (sie kam mit, und wenn sie keine Zeit hatte, durfte sie auch nicht gehen), noch wäre sie je ohne ihn irgendwohin gegangen, und sei es nur ins Kino oder ein Kleid kaufen. »Schließlich muss ich ihm doch gefallen, also soll er das Kleid auch auswählen«, sagte sie in einem unserer Gespräche und: »Warum sollte ich mir alleine einen Film ansehen, wenn ich dann doch gar nicht mit ihm darüber reden kann!«

Anfänglich nahm ihr Mann dieses enge Leben in Kauf, weil er sehr in sie verliebt war, ihre Schönheit ihn faszinierte und er, wie er sagte, sich sehr geschmeichelt fühlte, dass eine Frau wie sie ausgerechnet ihn wollte. Und solange sie nicht zusammen lebten - sie kam aus einer anderen Stadt - blieb ja auch noch genügend Freiraum für ihn. Aber später, als sie verheiratet waren und eine gemeinsame Wohnung bezogen hatten, fühlte er sich »wie im Grab« mit ihr. Und als er ihr das in einem gemeinsamen Gespräch einmal vorwarf, antwortete sie ihm mit Tränen in den Augen: »Aber warum sind wir denn dann überhaupt verheiratet, wenn du genauso gut ohne mich leben könntest und mich gar nicht brauchst zum Glücklichsein!« Hier hören wir unsere Prinzessin reden, die sagt: »Hat er mich von Herzen lieb, wozu dient ihm dann noch das Leben, wenn ich gestorben bin?«

Ich bin, weil du mich liebst

Die Frage ist, was bewegt die Prinzessin und warum besteht sie auf dieses lebensverneinende Versprechen, das sie und ihren Mann (ihre

Beziehung) unweigerlich »in die Gruft« bringen wird?

In einer Gesellschaft/Familie, in der das Weibliche so sehr unterdrückt und deformiert wird, dass sich Frauen nur über den Mann definieren können (wie das in unserem Märchen zu sein scheint), ist es für eine Frau auch nicht möglich, Selbstverständnis und Selbstbewusstsein zu entwickeln. Derart verunsichert, ringt sie nach Bestätigung, und so kommt mir der Wunsch der Prinzessin vor, wie der verzweifelte Versuch, sich zu spüren: Ich bin, weil ein Mann bereit ist, mich durch sein Versprechen und seine Liebe zu erhöhen! Es ist nichts anderes als der Hilfeschrei einer kranken, bereits todgeweihten Frau bzw. des krankenden, dahinsiechenden Weiblichen in einer vollkommen männlich dominierten Gesellschaft.

Vater und Sohn

Sehen wir uns einmal die Beziehung von Vater und Sohn an. Am Anfang des Märchens heißt es, dass der Vater ein armer Mann war und seinen Sohn nicht mehr ernähren konnte. Das Nähren ist symbolisch gesehen ein weiblicher Aspekt, und man fragt sich schon hier, ob der Mann dem Sohn das Nötige nicht geben kann, weil die Frau (das Mütterliche) fehlt. Es ist fast immer so, dass ein Märchen den Konflikt, um den es sich später drehen wird, schon im ersten Satz aufzeigt. Ist die Grundlage des Konflikts aber das fehlende Mütterliche, soll man eigentlich davon ausgehen können, dass sich der Held nun aufmacht, um für sich das zu erobern, was entbehrt wird - nämlich Nahrung bzw. das weibliche Prinzip.

Aber unser Held tut genau das Gegenteil! Er kämpft nicht um das Wohlwollen einer Prinzessin, um sich später durch eine Heirat mit ihr zu vervollständigen, sondern er verdingt sich einem neuen Vater, zieht für ihn sofort in den Krieg (es gibt kein männlicheres Handwerk als den Krieg) und wird zum Helden, weil er - das wird betont - »das Vaterland rettet«. Und wieder hält sich das Märchen nicht an die gewohnten Spielregeln, denn nicht die Prinzessin ist der Lohn für sein Heldentat, sondern er wird sofort und ohne ihm das Weibliche an die Seite zu geben »zum Ersten im Reich« eingesetzt.

Das ist äußerst ungewöhnlich, denn im Märchen bekommt der Held das Land normalerweise nur mit und durch die Frau, so wie das ursprünglich tatsächlich einmal Gesetz war und in manchen afrikanischen Ländern auch heute noch üblich ist. Denn das Land gehörte ehemals den Frauen und die Herrschaft darüber konnte einem zukünftigen König nur durch eine Hochzeit mit der Besitzerin zufallen (Hieros Gamos). Aber in unserem Märchen wird diese uralte Regel gebrochen. Unser Held wird durch den König zu seinem Nachfolger eingesetzt, und erst dann kommt die Prinzessin (das krankende weibliche Prinzip) ins Spiel.

Spätestens jetzt wird dem aufmerksamen Betrachter deutlich, dass er es hier mit einem Märchen zu tun hat, das das männliche Prinzip verherrlicht. Vater und Sohn teilen sich die Macht und schließen das weibliche Prinzip aus, was immer tiefer in die Katastrophe führt.

Auch im wahren Leben erfahren wir was es für Konsequenzen hat, wenn sich Frauen hinter Schleiern verstecken müssen, nicht lernen und nicht am der Gestaltung des öffentlichen Lebens und Rechts teilnehmen dürfen. Kriege, Terror, Stillstand und Rückfall ins Mittelalter sind die Folge.

Auch unser Märchen zeigt, dass die männliche Dominanz prompt zur patriarchalen Falle wird. Sie schnappt zu, als die Prinzessin stirbt, und kostet den jungen König fast das Leben. Denn der Vater ist es ja, der unerbittlich darauf besteht, dass der Sohn sein Versprechen wahr macht und mit den Leichnam ins Grab geht. Er lässt sogar alle Tore schließen und bewachen, damit er keinesfalls entfliehen kann. Da ist keine mütterliche Milde vorhanden, kein Mitleid nur Härte, die auf die konsequente Einhaltung eines fragwürdigen Vertrages pocht.

Die Schlange

Als nächstes sehen wir das Bild der Gruft vor uns, und es scheint keine Hoffnung mehr zu geben. Das weibliche Prinzip ist vollends ausgelöscht, die junge männliche Kraft ist ohne sie machtlos und darum ebenfalls dem Untergang geweiht. Nur der sture alte Vater sitzt noch auf seinem Thron und hält krampfhaft das Zepter fest, bis zum Untergang, der kommen muss, weil ja nichts Neues nachwachsen kann. Es gibt keine Fruchtbarkeit mehr im Land, der Tod hat seinen Mantel bereits über allem ausgebreitet.

Aber in dieser vollkommen aussichtslosen Situation tritt plötzlich doch noch das mütterliche Prinzip auf, und zwar in Form einer (göttlichen) Schlange.

Die Schlange ist ein sehr vielschichtiges Symbol. Sie ist Verführerin und steht für die Triebkraft. Sie legt in den Mythen verschiedenster Länder das »Weltenei«, wodurch sie zum Symbol der Fruchtbarkeit, des aufkeimenden Lebens und der

Lebensenergie an sich wird. Sie ist als ein der Erde verhaftetes Tier mit der Muttergöttin verbunden, bzw. ist sie die Muttergöttin selbst und herrscht damit auch über die Unterwelt, das Reich der Toten. So verwundert es nicht, dass sie, die Bestimmerin über Lebe und Tod, zum Sinnbild der Heilkunst wurde (Äskulapschlange) und nicht nur in unserem Märchen, sondern bereits in altgriechischen Sagen Überbringerin des Heilkrautes war, das den Tod überwinden und zu neuem Leben erwecken kann.

Wir können die Schlange also als heilendes, mütterliches Prinzip erkennen, das an dieser Stelle des Märchens hinzugefügt wird, und prompt erwacht die Prinzessin und mit ihr das ganze Staatsgefüge zu neuem Leben.

Die versäumte Chance

Der junge König reicht seiner Gattin Wein und Brot, erzählt das Märchen weiter, danach verlässt das Paar die Gruft. Hier könnte das Märchen enden! Wenn Mann und Frau sich gegenseitig Wein und

Brot reichen, ist das ein uraltes Hochzeitsritual. Somit wäre die Fruchtbarkeit wieder hergestellt, der alte Vater müsste zwangsläufig abtreten, und das junge Herrscherpaar könnte ein langes, glückliches Leben führen. Doch der Beziehung fehlt offensichtlich die Tiefe, und die Wandlung hat beim jungen König nur an der Oberfläche bzw. gar nicht stattgefunden. Es sollte uns auch nicht wundern, denn es ist ja nur die Prinzessin gestorben und zu neuem Leben erwacht; das heißt, nur das weibliche Prinzip hat sich erneuert und an Kraft gewonnen, der junge König kann nicht mehr auf seiner Seite verbuchen, als sich wieder einmal durch eine vermeintliche Heldentat profiliert zu haben. Dazugelernt hat er nichts.

Hier wird so manche Frau tief durchseufzen und sagen: »Ja, das kenne ich! Da gab es diese große Ehekrise bei uns, es war von Scheidung die Rede, die Koffer waren bereits gepackt, aber dann haben wir uns doch wieder versöhnt, und ein Versprechen stand im Raum, dass alles anders werden wird. Es sollte mehr Gespräche, mehr Zärtlichkeiten, mehr Verständnis für meine

Probleme geben, mit denen ich mich von meinem Mann alleingelassen fühlte. Aber nach drei oder vier Wochen war wieder alles beim Alten, nichts von dem, was ich ihm von mir gezeigt habe, hat er verstanden, und das Leid begann von vorne!«

So auch in unserem Märchen. Das männlich dominierte Leben geht unverändert weiter - aber die Prinzessin, die mit dem weiblichen Prinzip in Kontakt gekommen, die gestorben und zu neuem Leben erweckt war, konnte sich in der alten Welt nicht mehr zurechtfinden. Sie wollte nicht stehen bleiben, wollte weiter, sich entwickeln und Neues erfahren.

Was tut aber ihr Mann? Statt mit ihr übers Meer zu fahren, um andere Ufer zu erreichen und neue Gefilde zu ergründen, plant er, den alten Vater aufzusuchen, verfängt sich al wieder im männlich dominierten System.

Und dann heißt es: Da fasste die Prinzessin eine böse Neigung zu dem Schiffer.

Aus der Sicht all der Männer, die in diesem Märchen auftreten (und die es vor mehr als hundertfünfzig Jahren aufgezeichnet und bearbeitet haben), ist das wohl richtig ausgedrückt. Aus der Sicht der Prinzessin, die über ihren Tod mit dem Leben in Berührung gekommen war, müsste man sagen: Es erfasste sie eine brennende Sehnsucht zu dem Schiffer.

Wofür steht der Schiffer symbolisch gesehen?

Ein Schiffer ist ein Mann, der das Meer bereist, auf ihm lebt, sich mit seinen geheimen Urgründen auskennt und bis zu einem gewissen Grade beherrscht. Das Meer wiederum ist ein urweibliches Symbol, das Wasser eine Entsprechung für Gefühle und zärtliche, hingebungsvolle Liebe (Feuer wäre Sexualität). So können wir also annehmen, dass mit diesem Schiffer ein Mann gemeint ist, der die Prinzessin versteht, auf sie eingehen und ihre Sehnsüchte stillen kann.

Aber es gibt kein Entrinnen aus der Enge, in der unsere Prinzessin gefangen ist, und so versucht sie, sich gewaltsam zu befreien. Aus der kränkelnden, zu ewigem Siechtum verurteilten Prinzessin ist (zwangsläufig) eine tatkräftige Frau geworden, die ihr Leben nun endlich entschlossen in die Hand nimmt, indem sie versucht zu zerstören, was sie zerstört. Doch es gelingt nicht. Die alten Strukturen sind zu eingefahren. Immer wird es in einer so männerdominierten Gesellschaft/Familie getreue Diener geben, die als »Retter« auftreten und dafür sorgen, dass das alte System am Leben erhalten wird.

So kommt es, dass in unserem Märchen das, was im Grab zu neuem Leben erweckt wurde und dem System neue Fruchtbarkeit hätte schenken können, am Ende im Meer versenkt wird. Zurück bleiben am Ufer ausschließlich Männer, die Macht, Rache und ihre patriarchalen Prinzipien verkörpern und dabei ganz vergessen haben, dass sie, in dem sie das Weibliche aus ihrer Welt verbannen, auch sich selbst eliminieren. Denn wie und wo ist nun noch Fruchtbarkeit zu erlangen?

Übertragen wir das Märchen zum Abschluss und zum besseren Verständnis noch einmal auf eine reelle Lebenssituation. Eine junge Frau, aufgewachsen in einer stark patriarchal strukturierten Familie, bindet sich an einen Mann, dessen Weltbild dem ihres Vaters gleicht. Weil sie kein Selbstvertrauen hat und tief in sich davon überzeugt ist, nicht liebenswert zu sein, klammert sie, statt sich einzubringen, und nimmt der Beziehung damit alle Leichtigkeit, was schließlich zu Auseinandersetzungen und dann zur Trennung führt.

Doch nach einiger Zeit findet eine Versöhnung statt, und die beiden versuchen es noch einmal miteinander, versäumen es aber, grundlegende Veränderungen in ihre Partnerschaft einzubringen. Der bekannte Trott geht weiter.

Und doch konnte das, was passiert ist, nicht spurlos an der Frau vorübergehen. Sie hat ein bisschen Freiheit geschnuppert, sich verändert, ist ein Stück emanzipierter, auch egoistischer geworden. Die alten Werte, die ihr der Vater vermittelt hat, stimmen für sie nicht mehr. Und als sie begreift, dass sie trotz aller Versprechen doch wieder in der Falle sitzt, versucht sie auszubrechen und nimmt sich einen anderen Mann, der ihr ein neues Glück verspricht.

Doch die väterliche Macht ist zu stark oder ihre eigene Überzeugung noch zu schwach, und so wird sie von den alt Zwängen eingeholt und muss feststellen, dass ein neuer Mann noch keine Garantie für ein besseres Leben ist. Sie selbst muss sich verändern und lernen zu ihren Gefühlen zu stehen, wenn sie nicht Gefahr laufen will, in ihnen zu versinken. Und so droht auch ihrer neuen Beziehung wieder der Tod.

Das nächste Märchen, das ich vorstellen möchte, heißt Das Tränenkrüglein und ist ein altes, deutsches Volksmärchen. Hier geht es ganz konkret um Trauerarbeit und insbesondere um den Aspekt des Loslassens und den Übergang von der zweiten in die dritte Trauerphase, so wie ich das weiter oben beschrieben habe.

Das Tränenkrüglein

In alter Zeit, lange bevor es dich und mich gab, da lebte eine Witwe, der ward ihr einziges Kind vom Tod geholt. Sie vermochte sich vor Herzleid nicht zu fassen und weinte sich am Tag und in der Nacht die Augen aus. Es ergab sich aber, dass sie einmal des Nachts einen Botengang machen musste von einem Dorf zum nächsten. Der Vollmond schien auf das verschneite Land, aber sie sah die Schönheit nicht, denn ihre Augen waren voll von all den vielen Tränen um ihr Kind.

Doch auf einmal tauchte eine seltsame Geisterschar vor ihr auf, das war die Frau Perchta mit ihren Heimchen. Die zogen auf dem verschneiten Feld mit leisem Singsang an ihr vorüber, dann über den Heckenzaun und strebten nun dem Walde zu. Schon war der Zug bei den ersten Tannen angekommen, da trippelte ängstlich ein Kind mit nackten Füßchen im kalten Schnee der Schar hinterher und schleppte an einem schweren Krug. Als es nun auch an besagten Heckenzaun kam, waren die anderen schon alle hinüber. So lief es denn ängstlich hin und suchte nach einem Durchschlupf im Flechtwerk, denn der Steinkrug war viel zu schwer für das zarte Kindlein, und es konnte ihn nicht drüber heben.

Da endlich erkannte die Frau, dass es ihr eigenes Kind war, und es drückte ihr beinahe das Herz ab. Sie rief es bei seinem Namen, aber das Heimchen hörte nicht hin.

Da fasste es die Mutter bei der Hand, doch das Kind erkannte sie nicht. Der Mutter blutete das Herz bei alle dem, und sie weinte und presste das Kleine an ihre Brust. Als aber die salzigen Tränen des Kindes Äuglein netzten, da erkannte es die Mutter und sagte wie im Traum: »O wie warm ist Mutterarm!«

- »Ach Kind, willst du nicht kommen und im Haus deiner Mutter bleiben?«, fragte traurig die Frau. Sprach das Kind: »Lieb Mutter mein, leg ab die Trauer und lass das Weinen. Denn alle Tränen, die du vergießt, die fließen über mein Grab in diesen Krug. Den muss ich nun nachschleppen, und er wird immer noch voller. Da schau nur, mein Hemdchen ist schon ganz nass, und die Kinder laufen mir alle davon. So gib mich doch endlich frei und lass mich los.«

Da weinte sich die Mutter einmal noch von Herzen aus, küsste den nassen Kindermund, hob ihr Liebstes über den Zaun und sah mit sehnendem Blick dem weißen Hemdchen nach, bis es fern in der hellen Schar untergetaucht war.

Wollte sie dann wieder einmal der Gram übermannen und wollten ihre Augen überfließen vor Kummer, so hat sie schnell an das Krüglein gedacht und an den Zaun, schluckte tapfer die Tränen herunter und trug nun ihr Weh ohne Frage und Klage.

(Deutsches Volksmärchen)

Damit wir uns dem Märchen annähern und tiefer in die Bilder hineinsehen können, möchte ich es zuallererst Schritt für Schritt erläutern.

Schon im ersten Satz erfahren wir, wie unermesslich groß das Unglück ist, denn der Mutter wurde nicht nur ihr einziges Kind vom Tod geholt, sie ist auch noch Witwe. Sie hat vorher bereits ihren Mann verloren und muss ihr Los alleine tragen.

Die Augen der Mutter sind getrübt von all den Tränen, die sie weint, und sie sieht die Schönheit ringsumher nicht, erfahren wir weiter. Sie hat also die Verbindung zum Leben verloren und nimmt nichts mehr wahr von dem, was um sie herum vorgeht. Sie hat sich ganz zurückgezogen in ihre Trauer und lässt nichts und niemanden mehr an sich heran. Ihre Welt ist einsam, verschneit, und selbst der Vollmond schafft es nicht, Licht in die dunkle Nacht zu bringen, die sie umgibt.

Im nächsten Bild sehen wir eine seltsame Geisterschar. Von Frau Berchta ist da die Rede, die mit ihren Heimchen über das verschneite Feld zieht. Frau Berchta, das ist ein anderer Name für Percht, Holle oder Hel, eine Unterweltsgöttin aus der Sagenwelt, zu der die Toten gehen. Diese Unterwelt hat nichts mit unserer Vorstellung von Hölle zu tun, sondern ist nur als »Welt der Toten« zu begreifen. Heimchen sind Insekten aus der Familie der Geradflügler, zu denen auch die Grillen gehören.

In der Mythologie werden »geflügelte« Tiere als Seelenträger gesehen, denn weil sie fliegen können, glaubte man, dass sie die Seelen der Verstorbenen in den Himmel tragen. Im Märchen werden Heimchen dann zu Zwergen und Eiben mit durchsichtigen Flügeln.

In vielen deutschen Sagen finden wir diese Verbindung zwischen Heimchen und der Frau Berchta oder Percht, die mit ihnen durch eine Art Zwischenwelt zieht oder sie in das Reich der Toten geleitet.

Normalerweise hat kein Sterblicher Einblick in diese »Zwischenwelt«, aber unsere trauernde Mutter kann die seltsame Geisterschar sehen, denn sie ist selbst vor Kummer schon mehr tot als lebendig. Sie kann beobachten, wie die Heimchen leise singend durch die verschneite Nacht zieht und schließlich über einen Heckenzaun klettern und dann dem Wald entgegen streben. Dieses über den Heckenzaun Klettern, steht symbolisch für das Überwechseln in die andere Welt, denn der Zaun markiert hier die Grenze zwischen Leben und Tod.

Als Nächstes erzählt das Märchen von einem kleinen, zarten, ängstlichen Kindchen, das sich mit einem viel zu große und viel zu schweren Krug voller Tränen abmühen muss, und das verzweifelt versucht, den Anschluss an eine Gruppe »Gleichgesinnter« zu finden, die ihm in der Welt der Toten, wo es ja jetzt nun einmal sein muss, so etwas wie Schutz und Geborgenheit bieten könnte. Das Kind, das wird in diesem Bild am Zaun sehr deutlich, gehört nicht mehr in die Welt der Mutter, aber weil die Mutter es nicht loslässt, findet es auch seinen Weg in die Welt der Toten nicht, wo die kleine Seele, endlich zur Ruhe kommen könnte.

Die Tränen der Mutter, die direkt auf die Augen des Kindes fallen, öffnen ihm dann aber noch einmal den Blick für das Diesseits, und es erkennt die Mutter und fühlt ihren Schmerz. Und sofort versucht die Verzweifelte auch wieder, ihr Liebstes in ihrer Welt festzuhalten. Ach Kind, fleht sie, willst du nicht kommen und im Hause deiner Mutter bleiben?

Aber das Heimchen weiß, es gibt kein Entrinnen, und der einzige Weg den Frieden zu finden, ist für sie beide, dass die Mutter es gehen lässt. Darum bittet es dann auch inständig, und es zeigt der viel zu schweren Krug, in dem es die Tränen auffangen muss und zeigt auch das nasse Hemdchen, das es trägt.

Unser Wort »Hemd« wird vom Wort harm - bzw. dem althochdeutschen Wort hamo abgeleitet, was so viel bedeutet wie Hülle, Hut, Kleidung, aber auch Gestalt, Seele, oder Schutzgeist. Das Hemd ist das erste Kleidungsstück, das wir angezogen bekommen und das letzte, wenn wir ins Grab gelegt werden. Es ist das Kleidungsstück, das direkt auf der Haut getragen wird, und deshalb ist es symbolisch mit dem Wesen eines Menschen verbunden.

Der Volksmund sagt: Wer sein letztes Hemd gibt, gibt alles hat und noch ein bisschen mehr - denn ohne Hemd dazustehen bedeutet, keinen Schutz mehr zu haben und den Blick freizugeben auf sein Intimstes und damit auf seine Seele.

In einigen Regionen Deutschlands bekamen Konfirmandinnen und Konfirmanden noch im letzten Jahrhundert ein Totenhemd zur Konfirmation geschenkt, und Mädchen nähten Totenhemden für ihre Aussteuer. Solche Bräuche versinnbildlichen, dass der Tod zum Erwachsensein gehört und dass das Leben vergänglich ist. In dem tränennassen Hemdchen des Kindes sehen wir also die von der Trauer der Mutter beschwerte Seele. Und als die Mutter dies wahrnimmt und das Flehen und Bitten ihres Kindes hört, versteht sie endlich. Da weint sie sich einmal noch von Herzen aus, dann hebt sie es über den Zaun und lässt es endlich gehen, heißt es. Das Über-den-Zaun-heben, ist ein

Bild des bewussten Loslassens, denn der Zaun symbolisiert in diesem Märchen die Grenze zwischen unserer Welt und dem Reich der Toten Nicht dass die Mutter nun nicht mehr traurig wäre und das verlorene Kind vergessen würde. Aber erst durch das bewusste Loslassen kann sie sich den Tod des Kindes als unabdingbare Tatsache eingestehen, was Voraussetzung dafür ist, in die nächste Phase der Trauer eintreten und dem Kind einen neuen, der Situation angemessenen Platz in ihrem Leben einräumen zu können - den Platz eines »inneren Begleiters«. Die Beziehung zu ihrem Kind bleibt zwar weiter bestehen, aber sie hat eine andere Qualität erhalten. Und damit kann die Frau sich wieder dem Leben zuwenden, kann Neues und Schönes in sich entstehen lassen und wieder in Beziehung zu ihren Mitmenschen treten.

Versuchen wir einmal, das Märchen auf eine reelle Lebenssituation zu übertragen. Da ist eine Mutter mit einem Kind, das sterben wird. Man hat es ihr gesagt, ihr Herz spürt es auch, aber sie will es nicht akzeptieren. Alles in ihr sträubt sich dagegen. Vielleicht saß sie schon Wochen, Monate oder gar

Jahre am Bett des kranken Kindes. Der Vater hat längst aufgegeben. Er ist der Trauer überdrüssig, hat Mutter und Kind verlassen und sich wieder dem Leben zugewandt. Das kann ein »inneres Verlassen« sein. Vielleicht ist er ja physisch noch da, aber auf der psychischen Ebene ist er längst weggegangen.

So ringt nun die Mutter alleine um das Leben des Kindes. Hier ist sie, dort der Tod, und die Seele des Kindes ist hin- und hergerissen zwischen beiden Welten. Das Kind weiß, es muss gehen, es gibt kein Zurück ins Leben, aber die Mutter hält es mit all der Macht ihrer Tränen fest. Sie denkt, wenn sie nur genug daran glaubt und nicht aufhört zu kämpfen, dann kann sie für ihr Kind den Tod überwinden.

Selbstverständlich können wir die Figuren des Märchens beliebig austauschen. Der Vater kann den Platz der Mutter einnehmen. Er bleibt bei dem Kind, die Mutter ist längst gegangen. Oder es stirbt die Mutter, und die Tochter/der Sohn kann nicht loslassen. Was aber immer bleibt, ist der schreckliche Schmerz des Abschiednehmens.

Und gerade hier hat das Märchen sehr tröstende Bilder für uns und zeigt uns, was das Trauern vollbringen kann. Zunächst einmal geht es um die Fähigkeit, Gefühle gleich welcher Art zu erleben, sie auszudrücken und auszuhalten. Man ist traurig und weint. Wut will vielleicht herausgeschrien oder abgearbeitet werden. Das Gefühl der Leere wird möglicherweise durch Schweigen ausgedrückt und so fort. Erst das Ausleben all dieser Gefühle ermöglicht das Abschiednehmen.

Schließlich hebt die Mutter das Kind über den Zaun und lässt es fortgehen. Damit vollzieht sie aktiv den Akt der Trennung, was auch beinhaltet, dass sie alle eigenen Anteile zurückholt und die des anderen an ihn zurückgibt. Dies gelingt der Mutter, ohne dass es sie zerstört, und um kann sie als eigenständige Person in die reale Welt zurückkehren und auch dem Kind seinen Weg in die Welt der Toten freigeben. Wenn man so will, leistet sie eine Art psychischer Sterbehilfe, denn auch das Fortgehen ist ja nicht einfach, aber sicher fällt es dem Sterbenden leichter, wenn er weiß, dass er von dem Zurückbleibenden nichts mitnehmen muss und dessen Segen hat.

Viele Menschen, die einen Anderen durch eine lange Krankheit bis hin zum Tod begleitet haben, berichten davon, dass der Kranke etwa zwei bis drei Tage vor seinem Tod nicht mehr wirklich ansprechbar war. Er hatte einen nach innen gekehrten Blick, wirkte völlig abwesend oder »wie in einer anderen Welt« und hat seine Angehörigen vielleicht nicht einmal mehr erkannt. Für den Sterbenden ist dies die Phase des Loslassens. Er geht in eine Art Niemandsland, ist nicht mehr hier und noch nicht dort. Er braucht diese Zeit »zwischen den Welten«, um sich ganz aus seinem Leben lösen zu können. Das Schlimmste, was man ihm antun könnte, wäre, ihn immer wieder anzuflehen: »Bleib doch hier, ich brauche dich, du darfst mich nicht verlassen!«

Wenn wir den Sterbenden lieben, müssen wir tun, was die Mutter in unserem Märchen tat - ihn freigeben und »über den Zaun heben«, so schwer uns das auch fällt.

In Gesprächen mit Menschen, die auch Jahre nach dem Tod eines Partners oder Kindes nicht damit fertig wurden, habe ich festgestellt, dass einige von ihnen, bewusst oder unbewusst, »je länger traurig sein« mit »desto mehr lieben« gleichsetzten. Viele glaubten, durch dieses »desto mehr lieben«, ihren Unmut darüber entlasten zu können, selbst noch am Leben zu sein, während der geliebte Mensch sterben musste.

Diese Menschen sprachen von »unüberwundener Trauer«, aber ich hatte den Eindruck, dass sie nicht wirklich getrauert, sondern im Gegenteil, intensive Trauerarbeit sogar vermieden haben. Sie haben sich vielleicht aus dem Leben zurückgezogen, waren depressiv, haben sich selbst verloren - aber sie haben nicht wirklich getrauert.

Mit Trauern ist nicht nur gemeint, traurig zu sein und einen Verlust zu beklagen, Trauern ist ein intensiver und oft sehr schmerzhafter Prozess, mit dem letztendlichen Ziel, den Verlust des Verstorbenen zu überwinden, sich von ihm zu lösen (was keinesfalls gleichbedeutend ist mit »ihn vergessen«) und als Mensch mit neuen Zielen und Visionen weiterzuleben. Zur Trauer gehört die Auseinandersetzung mit dem Toten, mit dem was er einem bedeutet hat, im positiven wie im negativen Sinne, und zur Trauer gehört auch das zulassen so ambivalenter Gefühle wie Liebe und Hass.

Doch so notwendig derartige Gefühlsirritationen sind, so gefürchtet sind sie auch, und zwar von den Betroffenen selbst genauso, wie von den Menschen, die mit den Trauernden zu tun haben. Dann hört man Forderungen wie: »Du musst tapfer sein!« Und: »Lass dich nicht so gehen, das Leben geht schließlich weiter!« Oder der Hinterbliebene setzt sich selbst unter Druck, in dem er sich glauben macht, er könnte den Verlust schnellstmöglich verarbeiten und zügig zu seinem gewohnten Alltag zurückkehren.

Häufig steckt dahinter aber eine unbändige Angst vor den gewaltigen Gefühlsstürmen, die losbrechen könnten, wenn wir uns der Trauer wirklich öffnen. Angst, den Schmerz nicht aushalten zu können, Angst vor der Endgültigkeit des Abschieds. Dann lieber gar nicht fühlen, den Schmerz verdrängen, sich in die Arbeit stürzen, sich betäuben und ablenken um jeden Preis!

Hinzu kommt, dass ambivalente Trauergefühle in unserer Gesellschaft nicht akzeptiert sind. Wer weint und schreit, den Verstorbenen vielleicht klarer liebt als je zuvor, andererseits aber auch seiner Wut darüber, dass er einen verlassen hat, Ausdruck verleiht, das Gute wie das Schlechte an ihm beschreibt und sich dann wieder mit Schuldgefühlen herumplagt und sich anklagt, der erntet im Allgemeinen wenig Verständnis bei seinen Mitmenschen.

Gefühle und Erinnerungen, die peinlich oder beängstigend sind, werden darum oft verdrängt, verleugnet und beschwichtigt. Dadurch wird der Verstorbene oftmals verherrlicht und auf ein Podest gestellt, und die seelische Konfrontation mit uns selbst, unseren Erinnerungen und unserem Verlust werden unmöglich gemacht.

Doch gerade dieses oben beschriebene Wechselbad der Gefühle leben zu dürfen, ist so wichtig für den Trauerprozess. Das Ausleben der Gefühle wird dem im Leben Gebliebenen am Ende helfen, den Verstorbenen, bzw. die Erinnerung an ihn, so in sein Denken und Sein zu integrieren, dass er irgendwann ein von dem Verstorbenen losgelöstes und selbstbestimmtes, neues Leben führen kann.

Die Trennung wird nicht einfacher zu ertragen sein, wenn wir den Verlust akzeptieren und diese überwältigenden Gefühle aushalten, aber wir spüren uns in unserem Schmerz, und das hält uns lebendig und lässt uns weiterleben.

Trauerkrankheit

Sie erinnern sich, was ich zuvor über die Trauerphasen geschrieben habe: Zur dritten Trauerphase gehört das Loslassen und Sich-Trennen. Der Verstorbene nimmt einen neuen Platz im Leben des Hinterbliebenen ein, wird zu einer Art innerem Begleiter oder Schutzengel für ihn.

Damit das so positiv verlaufen kann, muss vorausgegangen sein, dass der im Leben Gebliebene auch die negativen Gefühle für den Verstorbenen wahrnehmen, äußern und so mit in seine Trauer einbeziehen konnte. Denn wird der Verstorbene nur positiv gesehen und ein glorifiziertes Bild von ihm aufgebaut, führt die Identifikation mit ihm oft zu der Problematik, dass wertvolle Anteile des eigenen Ichs nicht mehr gesehen und anerkannt werden. Dafür richten sich Anklagen, die an sich dem Verstorbenen gelten, mit dem glorifizierten Bild aber nicht mehr zu vereinbaren sind, gegen das eigene Ich. Natürlich gehören Selbstanklagen mit zum Wechselbad der Gefühle eines Trauerprozesses. Verlieren wir uns aber in ihnen und hören sie auch nach Verlauf von Jahren nicht auf, kann das Ausdruck einer narzisstischen Neurose sein.

Sigmund Freud betont in diesem Zusammenhang den Unterschied zwischen Trauer und

Melancholie. Wird der Zorn auf den so sehr geliebten, verlorenen Menschen unterdrückt, dann verinnerlicht und gegen das eigene Ich gewendet, findet eine negative Fixierung an das »verlorene Objekt« statt. Die Folge ist, dass der Trauernde zum Melancholiker wird, für den es nur noch sein Leid gibt, der nichts Neues mehr leben kann und für andere Menschen unerreichbar bleibt. In solchen Fällen sprechen Psychologen von Trauerkrankheit.

Um Trauerkrankheit geht es auch in dem Märchen, dass ich Ihnen jetzt vorstellen möchte. Es zeigt, wie sich ein Mann in seiner Trauer verliert und dabei völlig seine Kinder vergisst, die ihn brauchen, aber nicht mehr erreichen können. Es ist ein altchinesischer Mondmythos, den ich hier frei nacherzähle.

Vom kleinen Hansen, der das Lingzhi-Kraut brachte

Es waren einmal ein Mann und eine Frau, die wohnten in einer weiten, endlosen Grassteppe. Der Mann ging jeden Tag zur Jagd, die Frau kümmerte sich um den Gemüsegarten, die Kinder, Pferde und all das andere Getier, das ihnen nützlich war. So lebten sie einige Jahre und bekamen nach und nach fünf Söhne und zwei Töchter, und das Leben der Familie verlief allen zur Zufriedenheit.

Eines Tages war die Frau mit ihrer Schafherde auf der Weide. Da sah sie, wie ein Hase munter und vom Übermut getrieben über die Steppe rannte und immer wieder Haken schlug, bis er plötzlich stürzte und sich ein Bein verletzte. So blieb er liegen und konnte sich nicht mehr bewegen, egal, wie sehr er es auch versuchte.

Die Frau lief zu ihm hin, und da sah sie, wie er sie mit Tränen in den Augen anblinzelte, ganz so, als ob er sie um Hilfe bäte. Sie nahm ihn auf die Arme und sagte: »Dummer Hase, hättest vorsichtiger sein und nicht so herumtollen sollen. Da hast du noch Glück gehabt, dass du auf mich gestoßen bist, denn ein Leckermaul hätte dir gewiss das Fell über die langen Ohren gezogen und einen feinen Braten aus dir gemacht!«

Die Frau nahm den Hasen mit nach Hause, schiente ihm das verletzte Bein, fütterte ihn und gab ihm Milch zur Stärkung. Einige Zeit später, als alles wieder verheilt war, trug sie ihn zu dem Ort zurück, an dem er sich verletzt hatte und sagte zu ihm: »Bestimmt haben sich deine Eltern schon um dich gesorgt, darum laufe schnell nach Hause zurück, und passe in Zukunft ein bisschen besser auf dich auf!«

Da nickte der kleine Hase, so als ob er sie verstanden hätte und machte sich hurtig auf den

Heimweg. Seine Eltern und Geschwister waren tatsächlich sehr besorgt und traurig gewesen und hatten vor Sehnsucht nach ihm viele Tränen vergossen. Aber jetzt, wo er wieder bei ihnen war, bestürmten sie ihn mit Fragen, und er erzählte ihnen, wie er sich verletzt hatte, und dass er von einer gutherzigen Frau, die mit ihrer Familie in der Steppe wohnte, gerettet und wieder gesund gepflegt worden war. Da waren sich alle einig, dass sie es der Frau danken mussten und überlegten, womit sie ihr die Rettung des kleinen Hasen vergelten konnten.

Nach langem Nachdenken hatten sie endlich eine Idee: »Wir suchen Lingzhi-Kraut für sie, das ist sehr schwer zu finden und darum ein unermesslicher Schatz für den, der es besitzt. Wenn wir uns alle getrennt auf die Suche machen, dann werden wir bestimmt etwas davon aufstöbern können.«

Nach einigen Tagen fleißigen Suchens hatten der kleine Hase und seine Familie tatsächlich etwas von dem wertvollen Lingzhi-Kraut gefunden. »Nun bring es deiner Wohltäterin«, sagte die Mutter des

Hasen, und er nahm das Kraut ins Maul und hüpfte davon. Als er den Platz, wo seine Retterin wohnte, endlich gefunden hatte, stand bereits die helle Scheibe des Mondes am Himmel, und die Frau war gerade dabei, ihre Rinder und Schafe in den Pferch zu treiben. Sie freute sich sehr, als sie den kleinen Hasen erkannte, bückte sich, nahm ihn auf den Arm und frage freundlich: »Na, hast du deine Eltern wiedergefunden? Aber weshalb bist du dann noch mal zurückgekommen?«

Da drückte er sein Schnäuzchen in ihre Hand und ließ das frische, saftiggrüne Lingzhi-Kraut hineinfallen.

Sofort verbreitete sich ein wunderbarer Duft, und als die Frau merkte, dass er von der Pflanze kam, riss sie neugierig ein Blatt ab, schob es in den Mund und fing an, darauf herumzukauen. Im selben Moment fühlte sie, wie sie sich angenehm entspannte, und wie sie eine angenehme Wohligkeit überkam. Daraufhin nahm sie das ganze Kraut, schob es sich in den Mund und kaute zufrieden auf ihm herum. Als aber alles Lingzhi-

Kraut in den Magen gekommen war, erhob sich ihr Körper, wurde ganz leicht und begann, gen Himmel zu schweben. Die Kinder, die das beobachteten, begannen zu jammern und zu weinen, »Mama, komm wieder herunter zu uns!«, flehten sie und liefen aufgeregt hin und her. Aber ihr Körper gehorchte ihr nicht mehr. So gerne sie auch zu ihren Kindern, ihrem Mann und ihrem Haus zurückgewollt hätte, es ging nicht, und so stieg sie höher und immer höher in den Himmel hinauf, bis zum Mond, wo man heute noch ihr Gesicht und den kleinen Hasen erkennen kann.

Kehren wir wieder zur Erde zurück und sehen wir, was dort weiter geschehen war. Der Mann kam von der Jagd nach Hause. Doch fand er nur die weinenden Kinder, den kalten Ofen und den leeren Topf vor, von seiner Frau war nirgends etwas zu sehen. »Wo ist eure Mutter hin gegangen?«, wollte er wissen.

Da zeigten die Kinder zum Himmel und sagten: »Sie hatte einen kleinen Hasen auf dem Arm und ist mit ihm in den Mond geflogen.«

Als der Mann das hörte, ergriff ihn großer Schmerz, und er fing wie die Kinder laut zu weinen und zu jammern an. Und sie alle weinten so lange, bis sie endlich vor Hunger und Müdigkeit in Schlaf fielen.

Von da an war dem Mann, als hätte er seine Seele verloren. Zu nichts hatte er mehr Lust, er war schlechter Laune und zu faul, Essen zu kochen oder zur Jagd zu gehen. Schließlich wurde er trübsinnig, legte sich aufs Bett nieder, wurde krank und stand nicht mehr auf. Die Kinder suchten nach Medizin, um ihn zu heilen, aber sie konnten nichts finden und es schien, als ob der Vater sterben würde.

Hasen haben lange Ohren, mit denen sie in alle Himmelsrichtungen hören können, und so trug der Wind der Familie des kleinen Hasen zu, was mit ihm und der Frau geschehen war und dass der Mann jetzt trübsinnig und krank darnieder lag. »So ein Unglück!«, dachten die Eltern des kleinen Hasen betrübt. »Wir wollten der Frau doch nur für ihre gütige Hilfe danken und ihr etwas Gutes tun, und jetzt ist alles ins Gegenteil umgeschlagen, und wir haben sie von ihrem Mann und ihren Kindern getrennt!« Und weil sie nicht wussten, wie sie ihren Fehler wieder gutmachen konnten, beriefen sie einen Familienrat ein und berieten einen halben Tag lang, ohne eine rechte Lösung gefunden zu haben.

Da sagten die Eltern des Hasen: »Das Einzige, was wir tun können, ist noch einmal Lingzhi-Kraut zu suchen und es dem Mann zu schenken, damit er es essen und zu seiner Frau fliegen kann. So würden wenigstens Mann und Frau wieder vereint sein.«

Alle Hasen waren sich einig, dies war der beste Weg, das Unheil wieder gut zu machen. Also liefen sie getrennt los und machten sich auf die Suche nach dem Kraut. Lange mussten sie suchen und sich die Pfoten wund laufen, aber schließlich fanden sie doch noch etwas vom Lingzhi-Kraut und brachten es dem Mann.

Der sehnte sich so sehr nach seiner Frau, dass er nicht lange nachdachte und das Kraut einfach in sich hineinstopfte, obwohl doch gerade Mittag war und der Mond noch lange nicht am Himmel stand. Und so geschah es, dass der unglückselige Mann nicht zum Mond flog, wo seine Frau war, sondern zur Sonne. Und darum können wir nun täglich sehen, wie eilig die Sonne es hat, auf- und unterzugehen, immer dem Mond hinterher, aber sie wird ihn wohl nie erwischen.

(Altchinesischer Mondmythos)

In diesem Mondmythos der Mongolen geht es vordergründig darum, den Lauf von Sonne und Mond zu erklären. Daneben erzählt er aber auch die Geschichte eines Mannes, der nicht trauern kann und darum in Melancholie und Depression verfällt.

Sehen wir uns das Märchen an: Es zeigt uns eine ganz normale, scheinbar glückliche Familie - Mann, Frau, sieben Kinder, alle sind gesund, es herrscht keine Armut, die Existenz ist zur Zufriedenheit aller geregelt.

So könnte es weitergehen, aber die Ruhe ist trügerisch. Das Leben unterliegt dem Gesetz der Wandlung, und wo Wandlung stagniert, gibt es kein Fortkommen mehr.   In unserem Mythos ist der »Schicksalsbote« ein kleiner, munterer Hase, der offensichtlich davon ausgeht, dass es nichts gibt, was ihm gefährlich sein kann und sich, genau wie die Familie, vollkommen in Sicherheit wähnt. So tobt er ausgelassen über die Steppe und achtet nicht auf mögliche Gefahren. Aber wie es eben so ist, gerade wenn wir am wenigsten damit rechnen, streift das Glück oder Unglück unseren Lebensweg. Der Hase verletzt sich ein Bein und löst damit eine Verkettung von Umständen aus, die schließlich zur Katastrophe führen. Doch zuerst scheint sich ja alles wieder zum Guten zu wenden. Das Bein heilt, der Hase kommt zu seiner Familie zurück und findet jetzt, dass er in der Schuld seiner Wohltäterin steht. Ausgleich ist gefragt, das Häschen will zurückgeben.

Zur Symbolik des Hasen

Als Osterhase, der uns zum ersten Vollmond im Frühling Eier (neues Leben) bringt, ist er jedem bestens bekannt. Diesen Status hat er nicht nur dem Umstand zu verdanken, dass er sich sehr stark vermehrt, sondern auch der Tatsache, dass er mythologisch betrachtet mit dem Mond verbunden ist, der seinerseits auf Fruchtbarkeit und Schwangerschaft verweist. Der Mond hat ja denselben Zyklus wie die Frau und auch er wird voll und rund wie eine Schwangere. Außerdem hat er Einfluss auf das Wasser, das wiederum nötig ist, um die Fruchtbarkeit der Natur zu erhalten.

Zusammengefasst: Als Tier des Mondes und der Mondgöttin symbolisiert der Hase die Triebnatur, die Fruchtbarkeit, verweist sowohl auf Wasser als auch auf Luft und kann damit Nebel erzeugen. Tiefenpsychologisch betrachtet handelt unser Märchen also von der Triebnatur, die im verdrängten Zustand zu einer »Benebelung« des Bewusstseins führt. Denn der Hase, der seiner Retterin Dank erweisen will, bringt ihr Lingzhi-Kraut. Ein sehr seltenes und damit sehr wertvolles Kraut, das offensichtlich eine bewusstseinserweiternde Droge ist. Im übertragenen Sinne könnte diese »Droge« zum Beispiel für ein sehr intensives Gefühl von Liebe oder für irgendeine andere Faszination stehen. In richtigem Maße zu sich genommen, hätte das Kraut der Frau einen wohligen Zustand verschaffen können. Glück und Zufriedenheit, sowohl auf der körperlichen als auch auf der seelischen Ebene.

Doch plötzlich lernen wir eine ganz neue Seite von ihr kennen, nämlich ihre Triebnatur. Die, die vorher einen so besonnen, ausgeglichenen und durchaus zufriedenen Eindruck machte, entdeckt plötzlich ein ungekanntes, heißes Verlangen in sich. Sie will mehr, sie will alles, und sie schießt dabei weit über das Ziel hinaus. Ohne jedes Maß isst sie alles Kraut auf, und die Wirkung ist verheerend.

Statt eine Bewusstseinserweiterung zu erleben und damit eine positive Erfahrung zu machen, hat das Zuviel, das sie zu sich nimmt, das Gegenteil bewirkt. Von ihrer Droge völlig benebelt, »hebt sie ab«. Wir benutzen diesen Ausdruck, wenn wir sagen wollen, dass jemand nicht mehr von dieser Welt ist, nicht mehr erdverbunden, nicht mehr erreichbar und in diesem Sinne 'gestorben' für uns.

Wir können das natürlich auch ausschließlich auf der physischen Ebene betrachten. Dann hätte die

Frau sich zum Beispiel vergiftet und wäre daran gestorben. Aber ob wir nun den Tod auf der physischen oder psychischen Ebene annehmen, einen Abschied bedeutet er allemal.

Weiter mit der Deutung des Märchens: Zusammen mit dem Hasen, der für ihre Triebnatur steht, ist die Frau jetzt im Mond. Der Mond ist in der Mythologie auch immer ein Ort, wo sich die Seelen der Verstorbenen sammeln. Die Kinder, die das Sterben ihrer Mutter mit ansehen mussten, schreien und weinen und bräuchten dringend Trost und Hilfe. Doch als der Vater nach Hause kommt und erfährt, was geschehen ist, steht er nicht etwa seinen Kindern bei, sondern verfällt in Melancholie und Depressionen.

Das Märchen zeichnet uns an dieser Stelle ein Bild von einem kalten Ofen und drückt damit aus, dass es ohne die Frau keine Wärme mehr in dieser Familie gibt. Es spricht außerdem von einem leeren Topf (es gibt keine Nahrung mehr, Existenzielles fehlt), und der Mann fängt wie die Kinder zu weinen und zu schreien an, wird also selbst zum

Kind. Das wird noch deutlicher, als sich die Kinder schließlich auf die Suche nach einer Medizin machen, die dem Vater helfen könnte. Die Kinder übernehmen damit seinen Part, trösten ihn, sorgen für ihn und kümmern sich um seine Gesundheit, obwohl es doch eigentlich umgekehrt sein sollte.

Leider passiert so etwas immer wieder. Ein Ehepartner stirbt, der im Leben Gebliebene verzweifelt, verfällt der Depression und/oder dem Alkohol etc. und wird melancholisch. Natürlich ist es oft sehr schwer für den zurückgebliebenen Partner, mit seiner eigenen Trauer fertig zu werden und daneben auch noch für die Kinder da zu sein. Antworten auf Fragen zu geben, die er selbst gar nicht weiß, Trost für das Kind zu finden, wo er doch selbst Trost so bitter nötig hätte und auch noch die Wut und die Tränen des Kindes mitzutragen. Und trotzdem haben die Kinder das Recht, dass man für sie da ist, und der verbliebene Elternteil hat die Pflicht, für sie da zu sein. Ich habe einmal selbst eine sehr erschütternde Szene miterlebt. Der Vater starb, für die Mutter kreiste von da an alles nur noch um ihre Trauer. Der fünfzehnjährige Sohn stand von ihr völlig unbeachtet daneben, als gäbe es ihn gar nicht mehr und hätte er durch den Tod des Vaters kein Leid ertragen müssen. Bis er es nicht mehr aushielt und seine Mutter wütend anschrie: »Es ist doch nicht nur dein Mann gestorben, sondern auch mein Vater!«

Die Mutter erschrak sehr, als sie die Verzweiflung und den Hass ihres Sohnes endlich wahrnahm, und vermutlich verletzte es sie auch. Aber von da an gab sie sich Mühe, ihn wieder in ihr Denken und Fühlen mit einzubeziehen und ihm auch einen Platz im »familiären Trauerprozess« zuzugestehen. Und ich bin überzeugt, dass sie dem Mut ihres Sohnes, ihr seine Gefühle zu zeigen, letztendlich zu verdanken hat, dass sie nicht trauerkrank wurde.

Unser Mythos nimmt kein gutes Ende, was im Märchen nur selten passiert. Zwar bemühen sich die Hasen, aber wie schon das erste Mal bewirkt ihr Tun das Gegenteil von dem, was geplant war. Sie bringen nun auch dem Mann etwas von dem Lingzhi-Kraut, in der Hoffnung, dass er seiner Frau so nachfolgen und sie wieder erreichen kann. Aber auch er kann nicht damit umgehen - viel weniger noch, als die Frau es konnte. Völlig kopflos ist sein Tun, allein von seinen Gefühlen getrieben; darum verfehlt er sie dann auch und fliegt statt zum Mond zur Sonne.

Aber obwohl es kein gutes Ende gibt, zeigt uns die Geschichte doch etwas ganz Wichtiges - nämlich, wie man es nicht machen soll. Und das erscheint mir eine ganze Menge, denn wer kann, was den Tod und das Trauern betrifft, schon sagen: So ist es gut, so machst du es richtig. Jeder Mensch trauert auf seine eigene Art, bzw. hat sein eigenes Trennungsverhalten und muss selbst herausfinden, wie sein Weg aussieht, trotz des kaum zu ertragenden Verlustes eines geliebten Menschen am Leben bleiben zu können.

Auch das folgende Märchen, ein finnisches Volksmärchen, behandelt ein Paar, das so innig miteinander verbunden ist, wie Mann und Frau aus dem Mythos vom Hasen, der das Lingzhi-Kraut brachte. Hier scheint jedoch zunächst einmal die Ablösung geglückt und der Trauerprozess erfolgreich abgeschlossen zu sein. Doch dann zeigt sich, dass die Schuldgefühle des Ehemannes doch stärker auf seine Psyche einwirken, als ihm bewusst war.

Der Ehegatte am Grab seiner Frau

Es lebten zu einer unbestimmten Zeit ein Mann und eine Frau in Liebe und Eintracht miteinander und waren sich so gut, wie es besser gar nicht ging. Da ergab es sich einmal, dass der Mann zur Frau sagte: »Stürbe ich zuerst, solltest du dir einen anderen zum Manne nehmen.« Und die Frau hielt dagegen: »Und du solltest dir umgekehrt eine andere Frau nehmen und nicht ledig bleiben.« So redeten sie eine Weile miteinander, aber sie glaubten nicht an das, was sie sagten, und am

Schluss verblieben sie so, dass keiner von ihnen wieder heiraten solle und sie ledig bleiben würden.

Da starb schon bald die Frau, und der Mann lebte fortan als Witwer, so wie er es versprochen hatte. Als aber eine Zeit vergangen war, dachte er: »Was soll ich noch länger um sie trauern, ich bleibe nicht ledig.« Und er suchte sich eine andere, die er zur Frau nehmen wollte.

Doch als er mit ihr zur Hochzeit ging, hieß er sie vor der Kirche warten, denn es fiel ihm ein, dass er erst noch zu seiner Frau ans Grab wolle, ihr Lebewohl sagen und sie um Vergebung bitten.

»Verzeih mir, Frau, ich heirate wieder!«, sagte er und verbeugte sich vor dem Grabe.

Da öffnete sich die Erde und die Frau rief: »Komm nur her, fürchte dich nicht!« Und sie hieß ihn, auf dem Sarg zu sitzen und erinnerte ihn: »Weißt du denn nicht mehr, dass wir uns versprochen hatten, nicht wieder zu heiraten, wenn einer von uns zuerst gegangen ist?« Und dann gab sie ihm einen

Becher mit Wein und sagte: »Komm trink!« Und der Mann trank.

Danach wollte er fortgehen, aber sie bat: »bleib doch noch und lass uns vertraulich miteinander reden.« Darauf goss sie ihm einen zweiten Becher ein, und er trank auch diesen aus. Nun stand er wieder auf, wollte endlich gehen, aber sie bat noch einmal, dass er bleiben möchte und noch ein wenig mit ihr plaudern, und er tat es und nahm einen dritten Becher von ihr an.

Als er auch diesen leer getrunken hatte, ließ sie ihn endlich gehen. Aber als er zur Kirche kam, da war keine Hochzeitsgesellschaft mehr, und er selbst war alt und grau geworden, weil er dreißig Jahre im Grab gewesen war.

(Finnisches Volksmärchen)

»In der Liebe«, schreibt Erich Fromm in seinem Buch Die Kunst zu lieben, »kommt es zu dem Paradoxon, dass zwei Wesen eins werden und trotzdem zwei bleiben.«

Durch die Liebe überwindet der Mensch sein tiefes Gefühl der Einsamkeit, der Abgetrenntheit und Entfremdung von sich selbst. Im Du findet er sein Ich. Das Du kann die Mutter für den Säugling sein, Gott für den Heilsuchenden, der Mann für die Frau oder umgekehrt.

Fast alle Menschen können sich noch an ihr erstes Verliebtsein erinnern und daran, wie wichtig dieses Erlebnis war, weil man sich plötzlich ganz als Mann oder Frau empfunden hat.

Die Liebe ist eine grundlegende Erfahrung und schenkt uns das Gefühl, vollkommen zu sein. Doch der durch Tod oder Trennung verursachte Verlust dieser in der Liebe gewonnenen Identität, kann zu einem Schock führen, der von Psychologen als Ich-Katastrophe bezeichnet wird - ein Ausdruck der zeigt, wie erschütternd dieses Ereignis unter Umständen in die Persönlichkeit eines Menschen eingreift.

Es mag darum verständlich sein, dass wir uns Trennungserlebnisse und Trennungsarbeit weitgehend ersparen wollen - aber wer den

Schmerz vermeidet, wird die Fülle nie kennen lernen. Oder anders ausgedrückt, wer den Verlust eines geliebten Menschen ausschließen will, hat nur eine Möglichkeit: er darf nie lieben.

Dies kann aber keine Lösung sein. Der bessere wenn auch schmerzhafte Weg ist zu lernen, Trennungen anzunehmen und mit ihnen umzugehen.

Lebendig begraben

Das Ehepaar in unserem Märchen ist nicht bereit, eine Trennung zu akzeptieren und sucht darum nach einem anderen Weg.

»Wir lieben uns so sehr, dass unsere Liebe über den Tod hinaus ewig währt, und zwar mit allen Besitzansprüchen, die schon im Leben zu unserer Beziehung gehört haben«, lautet das Versprechen, das sie sich geben. So versuchen sie, das Einssein mit sich, das sie über das Zusammensein mit dem anderen gefunden haben, gewaltsam und über alle natürlichen Grenzen hinaus festzuhalten. Aber wenn in einer Beziehung keine Wandlung mehr möglich ist, werden die Gefühle füreinander und damit auch die Beziehung selbst sterben. Vielleicht ist ja aus diesem Grund die Frau so bald nach ihrem Versprechen gestorben und hat damit die einzig mögliche Wandlung erzwungen, die dieses Paar nach so einem allumfassenden Versprechen noch erfahren konnte.

Zuerst einmal sieht es ganz so aus, als hätte der Ehemann diese vom Schicksal erzwungene Trennung ganz gut verarbeitet und seine Trauer nach Verlauf einer angemessenen Zeit abgeschlossen. Er will wieder heiraten, sich dem Leben zuwenden. Doch dann kommt plötzlich sein schlechtes Gewissen ins Spiel, und wie wir alle wissen, bindet nichts so sehr wie das. So lange uns ein schlechtes Gewissen »plagt«, sind wir nicht losgelöst, sondern stehen immer noch im Bann einer Sache.

Das schlechte Gewissen zeigt sich in der Tatsache, dass er sich entschuldigen muss für das, was er tut. »Verzeih mir, Frau, ich heirate wieder«, sagt er, und prompt hat die Verstorbene ihn neuerlich in ihren Bann gezogen. Sie lockt ihn zu sich ins Grab, weist ihn gleich noch mal auf das Brechen seines Versprechens hin, hält ihn dann mit Wein und »vertraulichem« Geplauder fest.

Immer wieder werden wir in Märchen und Mythen davor gewarnt, irgendwelche Nahrung oder Getränke von Toten anzunehmen, denn sonst, so heißt es, müssen wir im Reich der Toten bleiben. Der Ehemann am Grab seiner Frau scheint dieses Gesetz nicht zu kennen, und man sieht, was ihm passiert, als er es übertritt.

Nun fragt man sich, warum die Frau ihm gerade Wein anbietet. Im Wein, heißt es, steckt der Geist - er symbolisiert in unserer christlichen Tradition die Seele. Im Guten steht er für das Blut des Erlösers, im Bösen für ein Werkzeug des Teufels. Beide Christus wie der Teufel, wollen unsere Seele erreichen. Nichts Anderes bezweckt auch die Verstorbene, als sie ihrem Mann dreimal einen Becher mit Wein gibt. Sie will seiner Seele teilhaftig werden, nur so kann sie ihn festhalten.

Es gibt unzählige alte Volksbräuche, die auf die »magische« Kraft des Weines hinweisen. So hat man Toten Wein aufs Grab geschüttet, hat Paaren bei der Verlobung Wein über die gekreuzten Hände gegossen oder ließ sie gemeinsam einen Teller Weinsuppe auslöffeln. Auch Erzählungen von wunderwirkendem Wein, der einem reinen Jüngling von einer Heiligen gegeben wird, sind zu finden, und natürlich spielt der Wein ebenso in den antiken griechischen Sagen eine Rolle.

Andererseits benebelt und berauscht Wein und schwächt so den Willen, oder er bringt einen in Ekstase. Auch dies mag ein Grund dafür sein, weshalb die Frau in unserem Märchen ihren Mann gerade mit Wein in ihren Bann zieht - der Wein macht ihn ihr gefügig.

Die zweite Kraft, die sie einsetzt, um den Mann im Grab zu halten, ist die Vertrautheit, die zwischen ihnen bestand. »Lass uns vertraulich miteinander reden«, sagt sie und stellt damit die alte Bindung wieder her, verführt den Mann, sich mehr dem Tod als dem Leben hinzuwenden, und so verliert er, wie wir am Ende des Märchens sehen, den Kontakt zu allem Lebendigen; zu seiner Braut bzw. seiner neuen Frau, seinen Verwandten und Freunden, und er ist »lebendig begraben«.

Natürlich lässt sich auch dieses Märchen vielfach deuten. Es kommt ganz drauf an, welchen besonderen Aspekt man hervorheben will. Man könnte es auf der intrapsychischen Ebene betrachten, dann kämen die Anima und der Animus (das Bild der verinnerlichten Frau, des verinnerlichten Mannes) mehr zum Tragen. Oder man könnte den Tod der Frau eher als Tod der Beziehung sehen, die an einem großen, lähmenden Versprechen gescheitert ist. Dann würden die beiden zwar immer noch miteinander leben, aber sie würden »reglos« in einer längst gestorbenen Beziehung verharren. Reglos betone ich deshalb, weil ich glaube, dass eine gestorbene Beziehung nicht für alle Zeit tot sein muss. Aber um sie wieder lebendig zu gestalten, braucht es eben Bewegung. Beziehung unterliegt ja immer dem Wechsel. Man ist sich heute nahe und morgen wieder fern. Man neigt sich einander zu und geht wieder in

»Abneigung«. Man streitet und versöhnt sich. Dieses sich Annähern und sich wieder Entfremden entspricht einem Lebensrhythmus, der für uns alle Gültigkeit hat und zu jeder Liebe gehört.

Die Angst vor dem eigenen Tod

Bis jetzt haben wir uns mit Trauer, Trauerarbeit und Trauerkrankheit beschäftigt, den eigenen Tod aber ausgespart. Tobias Brocher sagt in seinem Aufsatz Loslassen ohne Angst, vergessen zu werden: »Unser Leben ist eine ihrer Länge nach unbestimmte Einbahnstraße. Die Richtung ist nicht umkehrbar.«

Das bedeutet nicht nur, dass es nie eine Möglichkeit geben wird, das Leben noch einmal von vorne anzufangen, sondern auch, dass wir zu jeder Zeit ins Unbekannte gehen. Diese Tatsache ist so erschreckend für uns, dass wir versuchen, sie zu verdrängen, und oftmals gelingt das auch. Aber immer dann, wenn wir uns mit dem Tod beschäftigen, holt uns diese Erkenntnis wieder ein, und wir werden mit unserer Angst konfrontiert.

Für Menschen, die in ihrem Glauben Trost und Zuversicht finden, ist dieses unbekannte Ziel, zu dem uns unser Lebensweg unweigerlich führt, und von dem niemand weiß, wann es erreicht sein wird, meist erträglicher, denn sie vertrauen auf Gott und darauf, dass es auch nach dem Leben etwas Positives geben wird - ein Nachhausekommen, ein Geborgensein. Aber ganz frei von Angst sind wohl auch sie nicht. Bittet man Menschen, diese Angst in Worte zu fassen, wird man Vielerlei zu hören bekommen, aber im Wesentlichen laufen sie alle auf folgende Punkte hinaus:

- Es macht mir Angst nicht zu wissen, wo ich nach dem Tod hingehe und wie es dort sein wird.

Diese Menschen suchen oft in der zweiten Hälfte des Lebens Trost und Hoffnung im Glauben. Dass der Tod nach der Mitte unseres Lebens an Wichtigkeit zunimmt, ist zu verstehen. In den ersten vierzig Jahren beschäftigen wir uns in der Regel damit, etwas aufzubauen, erwachsen zu werden, eine Ausbildung zu machen, vielleicht zu heiraten und eine Familie zu gründen. Doch wenn

wir die Mitte des Lebens überschritten haben, wird
der eigene »Verfall« immer sichtbarer. Wir
bekommen Falten oder verlieren die Haare,
brauchen »dritte Zähne« oder eine Brille, müssen
plötzlich mehr Krankheiten bewältigen, unsere
Kinder wachsen uns über die Köpfe und machen
uns zu Großeltern, und statt zu Hochzeiten, wie
vielleicht in den ersten vierzig Jahren, müssen wir
jetzt immer öfter zu Beerdigungen gehen.

- Ich habe keine Angst vor dem Zustand tot zu sein,
aber Angst vor Krankheit und Schmerz.

Krankheit und Schmerz sind niemals angenehm
oder leicht zu ertragen. Umso schlimmer treffen
uns Krankheit und Schmerz, wenn wir nicht gelernt
haben, sie auszuhalten.

Wir leben in einer Gesellschaft, in der jede
Krankheit, jeder Schmerz sofort bekämpft wird.
Kinder dürfen keine Kinderkrankheiten mehr
durchleben, darum werden sie gegen alles geimpft.
Angeblich tun wir das, weil Kinderkrankheiten zu
gefährlich sind und Kinder daran sterben könnten.
Meiner Ansicht nach hat unser Impfwahn aber

vielmehr damit zu tun, dass viele Eltern heute nicht bereit sind, ihre Kinder durch eine Krankheit zu begleiten. Aus demselben Grund, nämlich weil wir keine Zeit oder »Lust« mehr haben, krank zu sein, schlucken wir bei jeder kleinen Erkältung sofort einen Berg von Medikamenten, die den Körper nachweislich schädigen und ihm die Möglichkeit nehmen, das Immunsystem zu stärken. Wir können ungestraft trinken, denn es gibt ja Alkaselzer gegen den Kater. Wer Kopfschmerzen hat, greift sofort zu Aspirin, Frauen, die gebären, lassen sich immer öfter Betäubungsmittel spritzen, obwohl diese Medikamente unter Umständen schwerwiegende Schäden bei dem ungeborenen Kind verursachen können.

Auf diese Weise lernen wir nicht mehr, Schmerz auszuhalten und mit Krankheit umzugehen. Umso erschreckender ist dann auch der Gedanke für uns, dass am Ende Schmerz nicht mehr unabwendbar sein könnte und vielleicht sogar über einen sehr langen Zeitraum hin ausgehalten werden muss.

Denn wenn der Tod nicht mehr verhindert werden kann, erweist sich der »Segen« der modernen Gesundheitsindustrie unter Umständen als Schuss, der nach hinten losgeht: Von rund einer Million Menschen, die jährlich in Deutschland sterben, mussten die meisten ihre letzten Tage, Wochen oder gar Jahre in Krankenhäusern oder Pflegeheimen verbringen, bis sie endlich sterben »durften«.

- Ich habe Angst, vergessen zu werden, wenn ich einmal nicht mehr bin.

Diese Angst hat mehr Macht über uns, als uns bewusst ist. Für viele Menschen liegt der Wunsch, Kinder zu bekommen (unbewusst) hauptsächlich in dieser Angst begründet. Ihre Kinder sollen deshalb werden wie sie, das schaffen, was sie nicht geschafft haben, in ihre Fußstapfen treten, ihren Namen erhalten, ihr Lebenswerk weiterführen. Mit anderen Worten, es geht nicht darum, dass Kinder sich nach ihren Begabungen frei entwickeln, sondern sie sollen ein lebendes Denkmal ihrer Eltern sein.

Und haben wir keine Kinder, soll doch wenigstens unser Andenken durch ein Buch über unser Leben, eine Stiftung, die unseren Namen trägt, eine Parkbank, die wir aufstellen lassen oder wenigstens durch die Inschrift auf einem Grabstein weitergetragen werden. Oder wir versuchen uns zu verewigen, indem wir irgendwie »Geschichte machen«, und sei es, ins Guinnessbuch der Rekorde zu kommen oder der erste Weltraumtourist zu sein.

- Ich habe noch so viel vor, und ich will mich nicht von meinen Lieben oder meinem Besitz trennen.

Gerade in unserer Gesellschaft, in der das Individuelle eine so große Rolle spielt, erfahren wir uns als Mittelpunkt der Welt. Immer mehr von uns wachsen z. B. als Einzelkind auf, bekommen von klein an den Eindruck vermittelt, mehr zu gelten, besser und schöner zu sein als andere oder leiden enorm darunter, wenn sie es nicht sind. Immer mehr möchten nicht einfach nur ein kleines Rädchen am großen Uhrwerk sein, sondern das größte dieser Räder selbst in Bewegung setzen.

Und immer mehr von uns haben Besitz, an den sie sich klammern können.

Unter solchen Umständen ist das eigene »Nichtsein« kaum noch zu begreifen. Die Vorstellung, von einer Sekunde auf die nächste nicht mehr da zu sein und alles andere bleibt so wie zuvor, ist unfassbar und kränkend zugleich. »Wenn die Welt mich nicht braucht, um bestehen zu können, war ich dann je etwas wert?«, mag man sich fragen. So ist der Tod für viele von uns nicht nur mit Angst, sondern auch mit Selbstzweifeln oder einer Abwertung der eigenen Person verknüpft. Doch Nichts hindert uns so sehr am Leben wie die Angst vor dem Tod!

Angst als positive Kraft

Aber trotz aller Schrecken, die sie uns vermittelt, ist die Angst vor dem Tod als positive und treibende Kraft zu bewerten, denn sie schützt uns vor leichtfertigem Umgang mit dem Leben, bindet uns ans Hier und gibt uns die »Erdenschwere«, die wir benötigen, um im Leben unsere Aufgaben zu erfüllen und Krisen durchzustehen.

Im Wesentlichen sind es drei Punkte, die uns treiben, auf jeden Fall im Leben zu bleiben.

- Die Dinge, die uns ans Leben binden. Menschen, die wir lieben, Visionen, die wir haben oder Güter, von denen wir nicht lassen wollen.

- Der Selbsterhaltungstrieb - jene Kraft, die uns anhält zu essen, zu trinken, uns fortzupflanzen.

- Die natürliche Angst vor allem, was uns unbekannt ist.

Doch es gibt auch Menschen, bei denen die an sich lebenserhaltende und »natürliche« Angst vor dem Tod ein solches Ausmaß annimmt, dass sie sie nicht wirklich am Leben erhält, sondern sie im Gegenteil am Leben hindert und erstarren lässt oder sie, wie in dem ungarischen Volksmärchen 'Die alte Frau und der Tod', das ich als nächstes vorstellen möchte, sogar in den Wahnsinn treibt.

Die alte Frau und der Tod

Es war einmal, irgendwo jenseits des großen Meeres und hinter dem gläsernen Berg, eine steinalte Frau, älter noch, als die Gärtner des lieben Herrgotts. Diese alte Frau dachte nie daran, dass sie einmal werde sterben müssen; auch als sie nur noch mümmeln konnte, dachte sie nicht daran. Sie arbeitete nur immerfort und war wie besessen hinter dem Reichtum her. Sie holperte und stolperte herum, scharrte und raffte alles zusammen und hätte dabei am liebsten die ganze Welt verschlungen. Dabei war sie mutterseelenallein, hatte niemanden, kein einziges, noch so winziges Lebewesen, das ihr Gesellschaft leistete und dem sie einmal ihre ganze Habe vererben konnte.

Eines Tages jedoch kreidete der Tod auch ihren Namen an, und er ging zu ihr hin, um sie zu holen. Die alte Frau aber wollte sich durchaus nicht von ihrem Reichtum trennen, und sie bat den Tod flehentlich, ihr noch ein bisschen Zeit zu lassen, nur zehn Jahre noch oder fünf oder auch nur ein Jahr, wenn's denn sein musste. Der Tod wollte aber nicht darauf eingehen, sondern er sagte: »Mach dich schnell bereit und dann komm mit! Und wenn du nicht kommst, dann werde ich dich eben gewaltsam holen.«

Doch die alte Frau flehte und bettelte weiter, er möge ihr noch etwas Zeit lassen, wenn auch nicht viel, so doch ein ganz klein wenig.

Mit dem Tode war nicht leicht zu reden; am Ende aber setzte die alte Frau es dennoch durch und er sagte: »Nun gut, ich lasse dir noch drei Stunden Zeit.«

»Das ist zu wenig«, sagte die Mümmelgreisin, »hol mich nicht heute, sondern schiebe es bis morgen auf.«

»Das geht nicht.«

»Doch, bitte, doch. Es wird schon gehen.«

»Nein, es geht nicht.«

»Sei doch nicht so!«

»Also, wenn du so sehr darauf bestehst«, sagte der Tod, »meinetwegen.«

»Und ich möchte dich noch bitten ... Dingsda ja, schreib draußen an die Tür, dass du morgen kommst. Ich bin dann sicherer, wenn ich's auf die Tür geschrieben sehe.« Der Tod wollte nicht noch mehr Zeit bei der Alten verbringen, stritt also nicht weiter, sondern nahm die Kreide aus der Tasche, schrieb draußen auf den Türstock: »Morgen«, und ging seiner Wege.

Am nächsten Tag, gleich in der Frühe, kam der Tod wieder. Die alte Frau lag noch unterm Federbett, und der Tod sprach: »So, da bin ich, komm jetzt mit!«

»Das kann nicht sein«, sagte da die Alte, »sieh doch selbst nach, was auf dem Türstock geschrieben steht.« Der Tod blickte hin und sah, dass dort stand: »Morgen«.

»Richtig!« sagte er. »Morgen hol ich dich aber bestimmt!« Damit zog er ab.

Der Tod hielt Wort: am folgenden Tag kam er wieder, als die alte Frau sich noch im Bett reckte, doch wieder erreichte er nichts, denn sie zeigte nach der Tür, wo geschrieben stand: »Morgen«. Und so ging das eine Woche lang. Schließlich bekam der Tod den Spaß satt. Am siebenten Tag sagte er zur Alten: »Noch einmal wirst du mich nicht überlisten!« Und er wischte die Schrift vom Türstock ab. »Morgen«, sagte er, »da führt kein Weg mehr dran vorbei, morgen komme ich, und du wirst mich begleiten.« Der Tod ging fort. Der alten Frau blieb vor Angst und Schrecken der Mund offen, und sie zitterte wie Pudding, so sehr fürchtete sie sich, denn es war ihr klar, dass sie morgen sterben müsste, ob sie nun wollte oder nicht.

Als der Morgen graute, wusste sie sich vor Angst nicht mehr zu retten; am liebsten hätte sie sich vor dem Tod in eine leere Flasche verkrochen, wenn das nur möglich gewesen wäre. Sie lief hin und her und suchte, wo sie sich verstecken könnte. Da fand sie in der Vorratskammer ein Fass Honig; dahinein setzte sie sich, nur Nase, Augen und Mund sahen aus dem Honig hervor. »Wenn er mich aber auch hier findet?«, dachte sie. Ich krieche wohl besser ins Federbett hinein!

Sie kletterte also aus dem Honig heraus und kroch ins Federbett zwischen die Federn. Dann hielt sie aber auch das für kein gutes Versteck, drum wollte sie wieder heraus, um einen besseren Matz zu suchen. Und als sie gerade im Herauskriechen war, kam der Tod.

Als die Alte den Tod sah, fing sie an, vor lauter Angst schrecklich zu kreischen und hüpfte in ihrem seltsamen Federkleid hin und her, immer auf der Suche nach einer Möglichkeit zu entrinnen. Der Tod aber konnte sich nicht ausdenken, was das für ein Wunderding war, das da einen so furchtbaren Tanz aufführte, und er erschrak dermaßen, dass er das Gruseln bekam und auf und davonlief. Er rannte, was er nur konnte, und macht vielleicht bis zum heutigen Tage einen großen Bogen um die alte Frau.

(Ungarisches Volksmärchen)

Das Märchen erzählt von einer Frau, die nicht nur steinalt ist, sie lebt auch noch hinter dem gläsernen Berg und jenseits des großen Meeres. Der gläserne Berg gilt im Märchen als Symbol des Todes. Auf oder im gläsernen Berg finden wir meist Prinzen oder Prinzessinnen, die verzaubert wurden und dort in todesähnlicher Erstarrung verharren, bis einer kommt, sie zu erlösen und damit ins Leben zurückzuholen.

Glas ist ja ganz ähnlich wie Eis ein kaltes, starres und durchsichtiges Material. Der Körper, der darin gefangen ist, ist gestorben, aber noch sichtbar und vollkommen unversehrt (konserviert), und auch die Seele konnte nicht entweichen, ist also noch nicht vom Körper getrennt. Aus diesem Grund kann dann auch im Märchen bei Personen, die im Glasberg »verschollen« sind, unter ganz besonderen Umständen eine Wiederbelebung stattfinden.

Die alte Frau in unserem Märchen lebt aber sogar noch hinter dem gläsernen Berg und damit weit ab von der Möglichkeit, doch noch einmal errettet zu werden, und auch das große Meer trennt sie zusätzlich vom Leben. So wird klar, dass der Tod längst überfällig und die Lebensuhr der alten Frau unwiederruflich abgelaufen ist.

Aber nicht nur über das Alter und die Lebenszeit der Frau werden wir in den ersten Sätzen des Märchens aufgeklärt, sondern wir erfahren auch einiges über das Leben, das sie führt. Sie kann nur noch mümmeln und stolpern, heißt es, ist mutterseelenallein, und niemand kümmert sich um sie. Sie ist also völlig vereinsamt, und ihre Lebensqualität hat sich auf ein sehr niedriges Niveau reduziert. Sie ist mehr tot als lebendig, so hat man das Gefühl. Aber trotz dieses Zustandes scharrt und rafft sie noch immer alles zusammen und ist wie besessen hinter dem Reichtum her.

Dass sie selbst so kurz vor ihrem Ende nichts anderes im Sinn hat, als möglichst viel Besitz anzuhäufen, ist ein Zeichen, dass sie versäumt hat, sich mit den inneren Dingen des Lebens zu befassen. Zum Beispiel mit einer Vision von dem, was nach dem Tod kommt, mit Werten oder mit Gott, der ihr Trost schenken könnte, oder mit der Suche nach tatsächlichem Reichtum, der ja nichts mit Gütern und Besitz zu tun hat. Auch dass sie so einsam dahinlebt, verdeutlicht, wie groß ihre »innere Verarmung« ist.

Diese innere Verarmung, die fehlende Vision von einer allumfassenden Liebe und davon, dass sie nach ihrer allerletzten Reise in ein (göttliches) großes Ganzes aufgenommen sein wird, hält sie im Leben fest. Unter keinen Umständen will sie sterben, verdrängt den Tod - ja, man hat geradezu den Eindruck, dass sie annimmt, solange sie rafft und scharrt, kann der Tod sie ja gar nicht erreichen.

Ich glaube, mit dieser Annahme steht die alte Frau nicht alleine da. Wir im reichen Westen sind Macher. Wir sind in dem Glauben erzogen, dass uns nur Leistung eine Lebensberechtigung verschafft. Workaholic zu sein, ist eine gesellschaftlich anerkannte und geradezu hochbewertete Sucht, die als solche erst erkannt und behandelt wird, wenn sie den Betroffenen in eine lebensbedrohliche Krise gestürzt hat. Bis dahin gilt der Umkehrsinn: Wer leistet lebt - nur so lange ich arbeite, fühle ich mich lebendig. Darum ist auch der sogenannte »Pensionierungstod« ein Phänomen gerade unserer Gesellschaft.

Eine deutsche Reiseleiterin hat unserer Reisegruppe in der Türkei einmal mit einem vieldeutigen Lächeln erzählt, dass hier die Landbevölkerung, meist Kleinbauern, bereits mit etwa 50 Jahren ins Altenteil zieht und dann von den Kindern ernährt wird. Der türkische Rentner ist also, zumindest auf dem Lande, etwa 50 Jahre alt. Der ganze Bus hat gelacht, und Bemerkungen wie: »Das möchte ich auch mal haben! «, waren von allen Seiten zu hören.

Ein paar Tage später gingen mein Mann und ich einige Kilometer landeinwärts über einen kleinen

Waldfriedhof, und uns fiel auf, dass sehr viele der dort begrabenen nur wenig älter als 50 oder 60 Jahre alt waren. Ein Leben, das 70 oder 80 Jahre gedauert hat, war die Ausnahme. Wir zogen den Schluss, dass Menschen dort so früh sterben, weil das Leben sehr hart ist, weil sie abgearbeitet sind, und weil niemand auf die Idee kommt, zum Beispiel ein Stück Darm zu entfernen oder ein neues Herz einzusetzen und man es auch gar nicht bezahlen könnte. Mit 50 Jahren in Rente zu gehen, schien uns also mehr als gerechtfertigt, denn die Leute haben von da ab nur noch eine Lebenserwartung von fünf bis zehn Jahren.

Bei uns in den reichen Ländern werden die Menschen oft 80, 90 und sogar mehr als 100 Jahre alt, und somit steht ihnen bis zu einen Drittel (!) ihrer Lebenszeit frei zur Verfügung. Aber welch hohen Preis müssen viele von ihnen dafür bezahlen! Sie werden noch mit 90 Jahren mit künstlichen Hüften bestückt und müssen dafür monatelang einsam im Krankenhaus liegen. Sie werden, selbst nicht mehr lebensfähig, an Geräte angeschlossen, werden noch im Langzeitkoma am

Leben erhalten, müssen Schmerzen erleiden, und wenn sie auch sterben wollten, man ließe sie nicht. Und wieder andere werden in Alters- oder Pflegeheime gebracht und sind dort nicht selten so einsam, wie die alte Frau aus unserem Märchen.

Das ist die eine Seite der Absurdität. Andererseits aber hört man immer öfter von Menschen (vor allem von Männern), die kurz nach ihrer Pensionierung oder dem Eintritt in die Rente »plötzlich« und ohne dass eine Krankheit diagnostiziert worden wäre, verstarben oder kaum dass sie in Rente waren, »wie aus heiterem Himmel« unheilbar krank wurden. Wieder andere galten jahrelang als in hohem Maße herzinfarktgefährdet, und ihre Frauen fieberten ängstlich der Rente entgegen, weil sie glaubten, ihr Mann könne sich dann endlich schonen und sei nicht mehr so gefährdet. Aber kaum war er aus dem Berufsleben ausgeschieden, passierte, wovor sie sich immer so gefürchtet hatte: ein neuer Herzinfarkt, eine Embolie, ein Schlaganfall - die Krankheit forderte sein Leben.

Spricht man in solchen Fällen mit den Hinterbliebenen, hört man immer wieder: »Ich verstehe das nicht, jetzt, wo er endlich sein Leben hätte genießen können und Zeit und Muße gehabt hätte, musste er gehen.« Und dann: »Ich glaube, es war gar nicht die Krankheit, sondern er konnte es einfach nicht verkraften, nicht mehr gebraucht zu werden.«

Das bedeutet, »gebraucht zu werden« bezog sich in seinem Leben ausschließlich auf die Arbeit. Denn dass ein geliebter Vater und Ehemann, ein Opa, der Zeit hätte für tolle Unternehmungen, ein guter Kumpel im Verein plötzlich »nutzlos« sein soll und nicht mehr gebraucht wird, ist doch höchst unwahrscheinlich.

So gesehen ist uns die Alte in unserem Märchen also gar nicht so fremd. Sie arbeitet und rafft und glaubt, solange sie dies tut, ist sie lebendig und der Tod kann keine Macht über sie haben.

Auch der Geiz, der ja diesem »Scharren und Raffen« zugrunde liegt, ist als Zeichen einer »inneren Verarmung« zu sehen. Geiz ist symbolisch und auch menschlich immer gleichzusetzen mit Liebesunfähigkeit.

Unsere alte Frau ist also nicht nur steinalt, sie ist auch noch eine sehr tragische Figur, denn in ihrem ganzen langen Leben hat sie weder einen Weg zu sich finden noch eine göttliche Wahrheit hinter den Dingen erkennen können.

Aber: Trotz all ihrer Anstrengungen den Tod zu negieren, bleibt auch für sie die letzte Stunde nicht aus, und der Tod kommt, um sie zu holen.

Doch wie zu erwarten ist, will sie nicht mit ihm gehen, und jetzt setzt sie all ihre Kraft ein, um dem Tod noch etwas Zeit abzuringen. Zehn Jahre oder fünf, oder auch nur ein Jahr, wenn's denn sein muss - unbescheiden ist sie nicht. Sie verhandelt, bittet, fleht und feilscht. Aber die eine Stunde, die ihr der Tod schließlich als Frist gewähren will, genügt dann auch wieder nicht, ein Tag muss es wenigstens sein, und am Ende gelingt es der alten Frau sogar noch, den Tod zu überlisten. Ein wenig spielt er mit, lässt sich hinhalten, bis er es endlich satt hat und am »siebten Tag« dem Ganzen ein Ende setzt.

Die Sieben ist eine heilige Zahl, denn sie besteht aus der Verbindung der göttlichen Drei (Geist) mit der irdischen Vier (Seele). Es gibt sieben Schöpfungstage, das Vaterunser kennt sieben Bitten, es gibt sieben Todsünden und sieben Tugenden. Die Sieben ist aber auch Ausdruck der kosmischen Ordnung (sieben Planeten, siebentägige Mondphasen), auf der Erde gibt es sieben Weltmeere, und der menschliche Körper und Geist wird in Werden und Wandel durch die Sieben bestimmt. Wir haben sieben Wochentage, sieben Farben, sieben Töne, und bestaunen sieben Weltwunder.

Die Sieben ist also ein Symbol des Göttlichen und der Seele. Darum sind die sieben Tage in unserem Märchen, die der Tod der alten Frau gewährt, nicht einfach als irgendeine willkürliche Frist, sondern als vom Tod gewährte Möglichkeit zu deuten, ihre inneren Angelegenheiten in Ordnung zu bringen, sich zu sammeln und zu reinigen und sich mit der göttlichen Kraft zu verbinden.

Doch die Frau vertut die Chance, die ihr gewährt wird. Sie ist so sehr von ihrer Angst bestimmt, dass sie den Tod auch jetzt noch verdrängt, wo er doch täglich an ihre Tür klopft. Dermaßen verdrängt sie ihn, dass sie sogar seinen Namen vergisst und ihn »Dingsda« nennt, Und statt in sich zu gehen, abzuschließen mit allem Irdischen, räkelt sie sich morgens noch immer genüsslich im Bett, und tut, als ob sie das alles gar nichts anginge. Sie hat ihn doch überlistet, und es kann ja überhaupt nicht sein, dass er wirklich und wahrhaftig sie meint.

Erst dann wird sie sich seiner Realität ganz bewusst, als absolut kein Weg mehr daran vorbeiführt, und auch jetzt kennt sie nur eines - die Flucht. Sie versucht sich zu verstecken, vom Honig in die Federn, und dabei verändert sich ihre Gestalt (Persönlichkeit) so sehr, dass aus ihr ein so wunderliches Ding wird, das sogar den Tod das Gruseln lehrt und er das Weite sucht.

Auf eine reale Lebenssituation übertragen, könnte man sagen: Die Frau wird so sehr von ihrer Angst vor dem Tod beherrscht, dass sie immer mehr der Realität entflieht und sich am Ende in den Wahnsinn flüchtet.

Hier möchte ich dem römischen Dichter und Philosophen Titus Lucretius Carus das abschließende Wort geben. »Die Angst vor dem Tod sollte mehr gefürchtet werden, als der Tod selbst, denn sie kann das ganze Leben vergiften«. So warnte er in seinem epischen Lehrgedicht über die Natur der Dinge etwa zu Zeiten von Christi Geburt.

Wir haben gesehen, was die Angst vor dem Tod aus einem Menschen machen kann. Ein vollkommen erstarrtes Wesen, das keinen Weg zu sich, zu anderen Menschen, zu Gott finden kann, dem Wahnsinn immer näher kommt, und sich dabei mehr und mehr vom Leben entfernt.

Dabei fällt mir eine junge Frau ein, bei deren Mann mit 36 Jahren Krebs in einem unheilbaren Stadium diagnostiziert wurde. Elf Monate später starb er.

Sie erzählte mir, dass sie in diesen elf Monaten, die sie beide Seite an Seite mit dem Tod verbrachten, intensiver gelebt haben als je zuvor. Gleichzeitig haben sie sich von allen Menschen distanziert, die sich der Unausweichlichkeit seines Tods nicht stellen wollten und versuchten, die Krankheit und das nahende Ende irgendwie zu verharmlosen oder zu beschönigen. Sie wussten, es gab keinen Ausweg und wollten den Tod annehmen, und nur wer bereit war, dies zu akzeptieren, durfte das letzte Stück des Weges noch mit ihnen gehen. Es blieben wenige übrig: zwei Freunde, seine Eltern und ihre Mutter.

Der Tod als Mysterium

Es gab bereits in vorchristlichen Zeiten und bis ins vorletzte Jahrhundert vielerorts Mysterienkulte, die den symbolischen oder rituellen Tod eines Initianden verlangten. Der Initiand wurde z. B. mit dem Skelettgewand und der Maske des Todes bekleidet, um den Abstieg in die Unterwelt darzustellen, und wurde dann später in der

Verkleidung eines Sonnenkindes wiedergeboren. Denn man war der Meinung: Nur wer den Tod schon einmal erfahren hat, kann ihn auch erklären.

Wenn römische Feldherren von einer großen Schlacht als Sieger heimkehrten, wurden sie von einer jubelnden Menge als Helden gefeiert. Sie fuhren auf ihren Streitwagen in einem pompösen Triumphzug durch die Stadt. Um sie aber vor allzu großer Hybris (Selbstüberhebung und Vermessenheit) zu bewahren, stellte man ihnen eine in ein schwarzes Skelettgewand gekleidete Gestalt mit auf den Wagen, die den Tod darstellen sollte und ihm fortwährend ins Ohr flüsterte: »Vergiss nicht, auch du bist nur ein Mensch, auch du bist sterblich.«

Ebenso vermittelte der frühe christliche Glaube, dass wir ohne die Erfahrung des Todes nicht vollständig sind und Gott nicht wirklich erreichen können. Deshalb blieb selbst Christus der Weg des Martyriums nicht erspart - um »ganz« zu werden, musste er den Tod erfahren, um auferstehen zu können, musste er sterben.

Auch das folgende Märchen aus dem Orient »Der Tod von Istwahan« greift das Thema vom Fliehen vor dem Tod auf und erzählt Folgendes:

Der Tod von Isfahan

Es war einmal ein Sultan, der war schön, mit Reichtum gesegnet und noch jung an Jahren. Eines Morgens, er wandelte wie jeden Tag um diese Zeit in seinen Gärten, begegnete ihm neben einem blühenden Jasminstrauch der Tod. Der sah ihn an, voller Erstaunen und riss die Arme hoch. Dem Sultan war ganz so, als wolle er ihn packen, deshalb fuhr ihm der Schreck wie der Blitz in die Knochen. Er machte kehrt und lief davon, geradewegs in den Stall, wo er sich sein bestes Pferd nahm, um diesem Ort des Todes zu fliehen.

Den ganzen Tag ritt er, so schnell sein Pferd ihn tragen konnte, bis er endlich gegen Abend in der Stadt Isfahan ankam, die am äußersten Ende des Reiches lag. Doch als er völlig erschöpft vom Pferd sprang, da trat der Tod auf ihn zu, begrüßte ihn und sagte: »Da bist du ja endlich, Sultan von Bagdad.

Ich war wohl erstaunt, als ich dich heute Morgen noch in deinem Palast antraf, wo ich dich doch am Abend hier in Isfahan erwartete.«

Da verstand der Sultan, dass dem Tod niemand entrinnen konnte.

(Orientalisches Märchen)

Nur für den Menschen existiert der Tod

Die Tatsache, dass der Tod für den Menschen eine realere Bedeutung hat als für jedes andere Lebewesen, liegt darin begründet, dass nur der Mensch vom Tod weiß. Auch viele Märchen greifen diesen Gedanken auf und erzählen davon, dass der Tod erst existiert, seit sich der Mensch seiner bewusst wurde. Doch all unser Denken und all unsere Phantasie reichen nicht aus, den Stillstand aller Wahrnehmungen und das eigene Nichtsein zu begreifen. So haben sich Menschen aller Zeiten, aller Kulturen und aller Religionen immer wieder bemüht, den Tod zu erfassen, ein Erklärungsmodell für ihn zu finden oder ihn sogar zu überwinden. Wie schon die Babylonier vor tausenden von

Jahren nach dem »rituellen« Heilmittel gesucht haben, um dem Tod entgehen zu können, suchen wir heute in der Medizin danach.

Den Tod zu überwinden, darum geht es auch im nächsten Märchen. Ganz anders als die alte Frau, die den Tod negierte und aus Angst vor ihm den Kopf in den Sand steckte oder der Sultan, der versuchte zu fliehen, macht sich der Held dieses Märchens schon als Kind auf den Weg, ein Land ohne Tod zu finden. Er begegnet dem »Problem« im Gegensatz zu den beiden anderen Protagonisten aktiv und mutig, muss aber am Ende natürlich trotzdem scheitern. Es ist ein kaukasisches Märchen und heißt:

Von einem der auszog, das Land ohne Tod zu finden

Es war einmal eine Witwe, die hatte einen Sohn. Der Junge wuchs auf und sah, dass alle um ihn einen Vater hatten, alleine er nicht. »Mutter«, fragte er eines Tages, »warum haben alle anderen Jungen einen Vater, aber ich nicht?«

»Weil dein Vater gestorben ist«, sagte ihm die Mutter.

»Also kommt er nie mehr?«

»Nein, Kind, dein Vater kommt nicht mehr, aber wir gehen zu ihm. Niemand kann dem Tod ausweichen, auch wir müssen sterben und in die Erde hinein.«

»Ich habe Gott nicht um mein Leben gebeten«, antwortete er, »und wenn er es mir einmal gegeben hat, warum nimmt er es mir dann wieder? Ich will losziehen und nach einem Ort suche, wo es keinen Tod gibt.«

Seine Mutter wollte ihn freilich daran hindern, dass er in der weiten Welt umherlief, um einen solchen Ort zu suchen, aber umsonst. Der Junge machte sich auf die Wanderschaft. Die ganze Welt durchwanderte er, aber wo er auch hinkam und fragte: »Gibt es auch hier einen Tod?«, wurde ihm dieselbe Antwort zuteil: »Ja, ja, auch hier'«

Schon war er zwanzig Jahre alt geworden, aber den Ort der Unsterblichkeit hatte er immer noch nicht gefunden. Eines Tages ging er über ein Feld und sah plötzlich vor sich einen Hirsch, dessen weitverzweigtes Geweih sich in den Wolken verlor. Dem Jüngling gefiel das Geweih des Hirschen sehr. Er näherte sich dem Tier und sagte: »Ich beschwöre dich beim Schöpfer der Welt, sage mir, gibt es einen Ort, wo der Tod nicht hinkommt?«

»Ich bin der Bote Gottes und führe seinen Willen aus«, antwortete der Hirsch, »ich werde so lange leben, bis mein Geweih an den Himmel reicht, dann aber muss ich sterben. Wenn du willst, kannst du bei mir bleiben, bis zu meinem Tod, und es soll dir dabei an nichts fehlen.«

»Nein«, sagte da der Jüngling, »entweder ewig leben oder gar nicht: sonst hätt' ich ja zu Hause bleiben können und brauchte nicht in der Welt herumzuwandern.«

Damit ließ er den Hirsch stehen und ging weiter. Durch Steppen und über Felder, durch Wiesen und Wälder kam er und erreichte endlich einen Abgrund; wie eine Hölle, so bodenlos gähnte er ihm entgegen. An den Rändern des Abgrundes starrten Felsen in die Höhe, und auf einem derselben saß unbeweglich ein Rabe. Der Jüngling redete diesen an und fragte: »Rabe, kennst du ein Land, wo es keinen Tod gibt?«

»Ich bin ein Bote Gottes«, antwortete der Rabe, »und werde leben, bis ich diesen Abgrund mit meinem Mist gefüllt habe; wenn du willst, kannst du bei mir bleiben, es soll dir an nichts fehlen!«

Aber der Jüngling wollte nichts davon wissen und setzte seine Wanderung fort. Bis zum Meer kam er, ohne dass er irgendjemanden getroffen hätte. Auf einmal sah er in der Ferne ein glänzendes Etwas, und als er näher kam, war es ein gläsernes Haus. Es hatte keine Türen, aber bei näherem Hinsehen fand er einen Strich auf dem Glas; er drückte darauf, und das Haus tat sich auf. Drinnen lag ein Mädchen, das war so schön, dass sogar die Sonne es um seine Schönheit beneidete und blasser schien, wenn das Mädchen den Fuß vor die Schwelle setzte. Dem Jüngling gefiel die Schöne, er trat an sie heran und stellte ihr dieselbe Frage wie dem Hirsch und dem Raben.

»Ein solches Land gibt es nicht«, sagte sie, »aber wozu suchst du es? Bleib doch bei mir!«

»Nicht um dich zu finden, bin ich ausgezogen«, entgegnete der Jüngling, »sondern das Land, wo man nicht stirbt suche ich.«

»Vergebens ist dein Streben, die Erde will das Ihre haben, Unsterblichkeit wirst du nie erreichen; sag mir, wie alt ich bin, wenn du kannst.«

Der Jüngling schaute sie an; ihre junge Brust, die Farbe ihrer Wangen entzückte ihn so sehr, dass er Leben und Tod vergaß. »Mehr als fünfzehn Jahre kannst du nicht alt sein«, antwortete er ihr.

»Du täuscht dich«, entgegnete sie, »ich bin am ersten Schöpfungstag erschaffen worden und bin heute noch so, wie ich damals war. Man nennt mich die Schönheit; ich werde immer so sein, wie ich jetzt bin. Du könntest ewig bei mir bleiben, aber ich weiß, du bist die Unsterblichkeit nicht wert; das ewige Leben wird dir zum Ekel werden.«

Doch der Jüngling hörte nicht auf ihre Worte. Er gelobte ihr, nie etwas gegen ihren Willen zu unternehmen und ewig bei ihr zu bleiben.

Die Jahre verflogen eins nach dem anderen; wie Sekunden so rasch waren sie vorbei. Die Erde veränderte sich, der Jüngling aber wusste von alle dem nichts, und das Mädchen blieb wie es war. So verging ein Jahrtausend. Da zog es den Jüngling in die Heimat; seine Mutter wollte er sehen, seine Freunde und Bekannten: »Ich muss jetzt gehen und meine Mutter und meine Verwandten einmal wiedersehen«, sagte er zu dem Mädchen. »Nicht einmal ihre Knochen wirst du mehr finden, wozu dann weggehen?«

»Was redest du da «, unterbrach er sie, »ich bin doch erst vor kurzem zu dir gekommen; wie sollten sie denn schon tot sein!«

»Ich habe dir's ja gesagt, dass du nicht wert bist, ewig zu leben«, entgegnete die Schöne, »geh nur zu, aber nimm diese drei Äpfel mit, und wenn du zu Hause bist, iss sie!« Der Jüngling verließ das Mädchen und ging in seine Heimat zurück. Auf seinem Weg kam er an die ihm längst bekannten Orte; der Rabe saß noch da, aber er war tot und der Abgrund voll von seinem Mist. Das Herz schnürte sich dem Jüngling zusammen, als er das sah; er wollte zurück zu seiner Schönen, aber etwas trieb ihn vorwärts. Über Felsen und durch Wälder und Felder kam er zum Hirsch; der stand noch da, aber er war tot, und auf sein Geweih stützte sich der Himmel. Jetzt erst glaubte der Jüngling, dass viele Jahre vergangen sein mussten, seit er hier zum ersten Mal vorbeigekommen war Aber weiter trieb es ihn in die Heimat. Er kam in sein Dorf, fand aber niemand Bekannten vor. Er fragte nach seiner Mutter; niemand wusste von ihr, nur ein paar alte Leute sagten ihm, es habe wirklich nach einer alten Überlieferung einmal eine Frau dieses Namens gelebt; aber das sei jetzt tausend Jahre her und ihr Sohn könne unmöglich mehr leben.

Niemand wollte ihm glauben, dass er wirklich der Sohn dieser Frau sei; alle dachten, er sei von Gott geschickt. Um ihn sammelten sich Menschen und begleiteten ihn. Schließlich kam er an den Ort, wo ehemals ihr Haus gestanden hatte; da waren noch verfallene, mit Moos und Nesseln bewachsene Mauern. Und nun erinnerte er sich genau wieder an das Vergangene, an seine Mutter, an seine

Kindheit, und es wurde ihm bitter zumute. Da fielen ihm die Äpfel ein: Er aß den ersten, und ein weißer Bart fiel ihm plötzlich bis auf die Brust herab; er aß den zweiten, und die Knie gaben ihm nach, die Kräfte schwanden ihm, und er wurde schwach und hinfällig. Er schämte sich seiner selbst und bat einen Jungen, er möge ihm den dritten Apfel aus der Tasche holen und ihn ihm geben. Und als er ihn gegessen hatte, starb er. Die Leute aus dem Dorf aber trugen ihn hinaus und begruben ihn.

(Kaukasisches Märchen)

Unser Märchenheld hat keinen Namen. Der Junge wird er einfach genannt. Schon früh wird er mit der Macht und der Endgültigkeit des Todes konfrontiert, denn es fehlt ihm der Vater, und er muss hören, dass der Tod daran schuld ist. Ohne einen Vater zu haben, fühlt er sich wie »amputiert«, denn ohne Vater ist er anders als die anderen - und dies nicht auf eine positive Weise; es ist ihm ein Teil seiner Selbst genommen. Im Gespräch mit der Mutter, spüren wir deutlich die Wut des Jungen. Gott hat ihm schon den Vater genommen, und dann will er ihm auch noch selbst den Tod schicken?

»Ich habe Gott nicht um mein Leben gebeten, und wenn er es mir einmal gegeben hat, warum nimmt er es mir dann wieder?« Aufrührerische Töne sind das. Wenn man sie hört, sieht man einen jungen Fäuste schwingenden Halbstarken vor sich, der glaubt die Weltgesetze und selbst Gottes Wille noch brechen zu können.

Aber man kann ihm nicht böse sein. Die Kinder haben ja das Recht, das anzuzweifeln, was die Erwachsenen längst als gegeben hinnehmen und ihre ganz eigenen Erfahrungen zu machen. Ohne die Kraft und den Mut der Jugend gäbe es keinen Wandel mehr, und das würde bedeuten, dass das Leben stagniert.

Unser Held ist nicht nur stark und voller Tatendrang, sondern auch noch ausgerüstet mit einem so unbeugsamen Willen, dass nichts und niemand ihn zurückhalten kann. Er will und muss alle Regeln brechen und ist überzeugt, die Gesetze von Leben und Tod neu schreiben zu können.

Daran wird ihn niemand hindern! Selbst der Versuch der Mutter, ihn zurückzuhalten, wird in nur einem einzigen Satz abgehandelt und wirkt gemessen an der Tatsache, dass sie ja schon den Mann verloren und außer dem Jungen offensichtlich niemanden mehr hat, nicht sehr energisch. Sie weiß, sie muss ihn ziehen lassen, daran führt kein Weg vorbei.

Das Durchwandern der irdischen Welt

Zuerst durchwandert der Junge »die ganze Welt«. Das heißt, er erforscht das, was ihm am geläufigsten und am naheliegendsten ist. Aber hier wird er nicht fündig. Wo er auch hinkommt und fragt: »Gibt es auch hier einen Tod?« wird ihm ganz selbstverständlich die Antwort gegeben: »Ja, ja, auch hier!«

An dieser Stelle gibt uns das Märchen Aufschluss über das Alter des Jungen. Er ist jetzt 20 Jahre alt geworden, also erwachsen, und man kann davon ausgehen, dass er im Gegensatz zu dem Jüngling, der er vorher war inzwischen die grundlegendsten

Erfahrungen des Lebens gemacht und eine gewisse Reife erlangt hat. Er wird inzwischen wohl verstanden haben, dass es im ganz normalen, »weltlichen« Sinne kein Leben ohne den Tod gibt. Also muss er seine Suche aufgeben oder weiterziehen zu ganz anderen Orten, muss ganz neue Gefilde erforschen, die nichts mehr mit dem tagtäglichen Leben zu tun haben. Dabei trifft er auf einen Hirsch, dessen »weitverzweigtes Geweih sich in den Wolken verlor« und das ihn sehr fasziniert.

Der Hirsch als Bote Gottes

Warum taucht nun dieser Hirsch in unserem Märchen auf? Hätte es nicht auch ein anderes Tier sein können oder ein Riese vielleicht, der wächst und wächst, bis er endlich an den Himmel stößt?

Dieser Hirsch mit seinem mächtigen Geweih, das »wachsen muss, bis es an den Himmel stößt«, und der dazu auch extra noch betont, »ein Bote Gottes« zu sein, sehe ich als Hinweis darauf, dass sich unser Held, nachdem er mit seiner Suche nach dem ewigen Leben im weltlichen Bereich gescheitert ist, nun dem Glauben zuwendet und bei Gott weitersucht.

Der Hirsch (und die Hirschkuh) waren schon in antiken Religionen ein heiliges Tier, denn dank seines Geweihes, das er alljährlich abstößt, und das ihm dann von Mal zu Mal prächtiger nachwächst, verkörperte er damals wie heute Geburt und Wiedergeburt. So war er in Altchina ein Symbol der Morgensonne, bei den Hethitern war er dem Gott Rundes zugeordnet, bei den Kelten verkörperte er einen Gott mit dem Namen Cernunnos, in Skandinavien galt er als Zugtier des Sonnenwagens. Er gehörte zu Muttergottheiten wie Holle, Hekate oder Artemis, aber auch zu Apollon, dem Lichtgott. Später wurde der Hirsch dann auch eines der wichtigsten Symbole der Christen. In Psalm 42/43, 2 ist er ein Bild des »nach Gott dürstenden« Menschen. In Handschriften des Mittelalters finden wir ihn auf Buchmalereien oder an Taufbrunnen. Im Physiologus, einem allegorisch-theologischem Tierbuch, das vermutlich im 2. Jahrhundert nach Alexandrien entstanden ist und sich auf Tiere der christlichen Heilslehren bezieht, wird er als Schlangenvertilger beschrieben - ein Symbol Christi, das den Teufel besiegt.

Der Junge, unser Held, trifft also auf einen Boten des göttlichen Prinzips, das die Wiedergeburt symbolisiert. Nicht die körperliche Wiedergeburt ist hier gemeint, sondern die spirituelle im Geiste Gottes.

»Ich werde so lange leben, bis mein Geweih an den Himmel reicht, dann aber muss ich sterben«, sagt ihm der Hirsch und bietet ihm an: »Wenn du willst, kannst du bei mir bleiben, bis zu meinem Tod, und es wird dir an nichts fehlen.«

Bis sein Geweih an den Himmel reicht! Das ist fast so viel wie die Ewigkeit, denn es übertrifft jegliches menschliche Vorstellungsvermögen, wie lang ein Geweih benötigt, um so weit zu wachsen.

In den Märchen der Welt finden wir viele solcher beeindruckender Metaphern für die Ewigkeit. Im Grimmschen Märchen Das Hirtenbüblein zum Beispiel antwortet der weise Knabe auf die Frage des Königs, wie viele Sekunden die Ewigkeit zählt:

»In Hinterpommern liegt der Demantberg (Berg aus Diamantgestein, also äußerst hart), der hat eine Stunde in die Höhe, eine Stunde in die Breite und eine Stunde in die Tiefe; dahin kommt alle hundert Jahr ein Vögelein und wetzt sein Schnäbelein daran, und wenn der ganze Berg abgewetzt ist, dann ist die erste Sekunde von der Ewigkeit vorbei.«

Dass der Hirsch am Ende des Märchens dann doch »nur« tausend Jahre gebraucht hat, bis sein Geweih an den Himmel stieß bzw. der Rabe, bis er die Grube mit seinem Kot gefüllt hatte, sollte da nicht verwundern, denn auch ein Leben von tausend Jahren ist für uns Menschen ja völlig unvorstellbar, erst recht wenn man von der Zeit ausgeht, in der sich unsere Volksmärchen entwickelt haben, und in der eine Lebenserwartung von 40 Jahren bereits sehr hoch war.

Versuchen wir das Märchen bis hier her im Kontext des realen Lebens zu sehen: Der Junge zieht los, sucht in der Welt des Alltags nach Unsterblichkeit, findet sie hier aber nicht. So wird er zum Jüngling, zum jungen Erwachsenen und erkennt nun, dass es Unsterblichkeit im irdischen Sinne nicht gibt. Deshalb sucht er bei Gott, vielleicht als Mönch in einen Kloster, wo er hofft, durch die Hinwendung zum Guten, spirituelle Unsterblichkeit zu erlangen. Er findet auch so etwas Ähnliches, aber eben noch nicht das Ganze, was immer das sein mag.

Unser Held wäre nicht unser Held, wenn er sich damit zufrieden gäbe. »Nein«, sagt er, bedankt sich und zieht weiter.

Zur Symbolik des Raben

Die meisten von uns kennen den Raben als »Hexentier«, »Unglücksraben« oder »Totenvogel« (Galgenvogel). Doch dass er auch im Christentum als heiliges Tier gesehen wird, wissen nur wenige.

Seinen zweifelhaften Ruf als Hexentier verdankt er der Tatsache, dass er auf Grund seines schwarzen Gefieders Totemtier und Begleiter vorchristlicher Todesgottheiten war oder selbst solche Gottheiten verkörperte. Als Valrave war er Hels Gemahl, er war Odins Totemtier, und Walküren konnten die Gestalt von Raben annehmen, um das Blut gefallener Krieger zu trinken. Die Reihe ließe sich fortsetzen.

In diesen alten, religiösen Weltanschauungen war der Rabe aber nie ein reiner Todesvogel, denn auf den Tod folgte immer neues Leben, und Tod und Wiedergeburt gehörten zusammen wie Tag und Nacht. Bei den bereits erwähnten Initiationsriten (z. B. Odinsriten) saß oft ein Rabe auf der Schulter des Initianden, wenn er den symbolischen Weg in die Unterwelt antrat. Aber er war ihm nicht nur ein Zeichen des Todes, sondern auch ein Garant der Wiedergeburt. Auch bei nordwestsibirischen Stämmen, bei den Inuit und den nordamerikanischen Indianern wird der Rabe als Schöpfergott gesehen, und er stand ebenso dem griechischen Lichtgott Apollon oder dem Sonnengott Helios nahe.

Bereits weiter oben habe ich deutlich gemacht, dass Menschen immer glaubten: Nur wer den Tod kennt, ist eingeweiht in den tieferen Sinn des Lebens. Darum verwundert es nicht, dass Raben nicht nur als Symbol für Leben und Sterben, sondern auch als Vögel der Weisheit gesehen werden. Wie schon in der Mythologie - die Raben Hugin und Munin setzten sich jeden Abend auf Odins Schulter, um ihm alle Neuigkeiten der Welt zuzutragen - begegnen uns auch im Märchen immer wieder Raben, die über alles Bescheid wissen und die Zukunft voraussagen können. So sitzen sie zum Beispiel in einem Baum, unterhalten sich und werden dabei von Märchenhelden belauscht, die auf diesem Wege erfahren, was in ihrer Sache zu tun ist.

Auch im Christentum begegnet uns der Rabe als Bote Gottes. So versorgt er ebenso Elias wie auch die Heiligen Erasmus und Paulus Eremita mit Nahrung.

Nehmen wir sowohl seine Bedeutung als Hexentier und Symbol des sündhaften Menschen als auch die als Gottesbote, und fügen wir noch die Tatsache an, dass er »den Abgrund mit seinem Kot« füllen muss, sehe ich ihn in unserem Märchen als die »dunkle« zu Gott gehörende Seite an.

Im christlichen Glauben wurde diese »dunkle« Seite schon bald vollkommen von Gott abgetrennt und hat sich in der Gestalt des Teufels manifestiert. Die Urchristen sahen aber in Jahwe und Luzifer noch ein Zwillingspaar, bei dem die eine Seite ohne die andere nicht existieren konnte - nur durch die Dunkelheit wird das Helle sichtbar. Auch Christus hat ja dem »Dunklen« in uns viel Aufmerksamkeit gewidmet. Die verlorenen Schafe waren ihm zum Beispiel wichtiger, denn sie brauchten Gott mehr als die anderen. So wird auch hier wieder sichtbar, dass wir das Ganze nur erfassen und »wissend« werden können, wenn wir beide Seiten kennen, die helle und die dunkle.

Unser Märchenheld wird darum auf seiner Suche nach dem ewigen Leben folgerichtig auch mit den dunklen Abgründen in sich konfrontiert. Will er unsterblich werden, und dahin geht ja sein Bestreben, muss er auch sie kennen lernen; denn unsterblich zu sein ist ein göttliches Privileg, und das Göttliche ist immer vollkommen und ganz.

An dieser Stelle möchte ich unseren Märchenhelden in Schutz nehmen. Man könnte ihm unterstellen, er sei über sein Ziel hinausgeschossen und ein Gotteslästerer. Wenn er unsterblich werden will, will er werden wie Gott. Man muss das aber differenzierter sehen. Er versucht sich dem göttlichen Prinzip anzunähern, mit dem Ziel am Ende mit Gott eins zu sein, zu verschmelzen.

Eine Tanzmeditation der Sufis (man nennt sie auch Derwische, sie sind Mitglieder eines mystischen Ordens des Islam) zeigt uns sehr bildhaft, wie das gemeint sein könnte. Sie drehen sich in dieser Tanzmeditation dreimal 20 Minuten ununterbrochen immer links herum. Wer es ihnen einmal nachzumachen versucht, wird feststellen, dass ihm schon nach wenigen Sekunden schwindelig wird. Das Bestreben der Ordensbrüder ist, dabei nach innen zu sehen, um so diesen Schwindel zu überwinden und sich der senkrechten

Achse in sich, also ihrer Mitte, die sie als Gott wahrnehmen, so weit wie irgend möglich zu nähern. Rein tanztechnisch gesehen, ist das Finden der Achse nötig, um dieses Drehen überhaupt bewerkstelligen zu können. Vom Mystischen her heißt es: Je näher ich der Achse bin, desto näher bin ich Gott. Die Achse vollkommen zu erreichen, würde bedeuten, mit Gott zu verschmelzen. Für diesen einen Moment, so er überhaupt zu erreichen ist, wäre der Tänzer nicht mehr er selbst, sondern ganz bei Gott, wäre er Gott selbst.

Wer sich so weit auf das Märchen eingelassen und es miterlebt hat, wird eine Ahnung davon haben, dass unser Held inzwischen auf einer sehr hohen spirituellen Stufe angelangt ist. Er muss Gott sehr nahe sein, aber immer noch, das ist ihm klar, ist er weit von ihm und damit auch weit von der Unsterblichkeit entfernt.

Die »Schönheit« im Märchen

Auch beim Raben hätte der Jüngling bleiben und dort im wörtlichen Sinne »unvorstellbar lange«

leben können. Aber es treibt ihn weiter, er will das Ganze. Und so kommt er schließlich zum Meer, wo er ein geheimnisvolles gläsernes Haus findet. Meer und Glas sind zwei Symbole, von denen wir bereits im Märchen von der alten Frau und dem Tod gehört haben. Hier ist es jedoch kein gläserner Berg, sondern ein gläsernes Haus, das ein wenig an einen überdimensionalen gläsernen Sarg erinnert. Über das Glasmotiv haben wir bereits gesprochen, das Bild des Meeres haben wir dabei aber nur gestreift.

Ich möchte an dieser Stelle näher darauf eingehen. Das Meer ist in Schöpfungsmythen meist eine Art Ursprung, der alles Leben in sich birgt. Werden Wasser und Erde voneinander getrennt, ist die Welt erschaffen.

Für den Menschen ist das Meer seit je her mit Leben und Tod verbunden, denn es birgt sowohl scheinbar unerschöpflichen Reichtum an Nahrung und anderen Schätzen als auch schreckliche Gefahren, die den Tod bringen können. Darüber hinaus ist das Meer Sinnbild des Abenteuers und der Ferne. Unzählige Märchenhelden und -heldinnen müssen übers Meer fahren, um die Aufgaben zu bewältigen, die ihnen das Leben stellt. So ist das Meer auch ein Symbol des Lebensweges. Am anderen Ufer erwartet den Reisenden etwas Neues, völlig Unbekanntes, vielleicht aber auch der Tod.

Auch die Vorstellung, dass in der unergründlichen Tiefe des Meeres eine ganz andere, unbekannte Welt liegt, ist uralt. Oder die glatte, glänzende Oberfläche des Meeres wird als Spiegel gesehen, hinter dem sich eine andere, tiefere Wahrheit verbirgt - das was wir von uns nicht kennen, das »Unergründliche« unserer Seele.

Man kann also sagen, das Meer ist ein Symbol von Leben und Tod, aber auch ein Symbol der Seele und ein Sinnbild dafür, dass das Bewusste und das Unbewusste getrennt voneinander existieren.

Hier am Meer findet unser Märchenheld ein gläsernes Haus, in dem die Schönheit wohnt. Was hat es nun mit dieser Schönheit auf sich, die sich uns als jungfräuliches Mädchen zeigt? So schön ist sie, dass sogar die Sonne blasser scheint, wenn sie ihren Fuß vor die Tür setzt!

Schönheit hat im Märchen nie etwas mit Äußerlichkeiten zu tun, sondern bezieht sich immer auf die inneren Werte. Da dieses Märchen einen sehr großen Bezug zum Göttlichen hat, kann man davon ausgehen, dass wir es hier mit »göttlicher Schönheit« zu tun haben, mit der Schönheit Gottes selbst.

Sie sagt ja auch: »Ich bin am ersten Schöpfungstag erschaffen worden.« Gott hat sie also erschaffen, in dem er die Dualität erschuf, in dem er sich von sich selbst trennte, das Licht von der Dunkelheit trennte und somit das Helle, Schöne sichtbar werden ließ. Und so verkörpert die Schönheit in unserem Märchen den göttlichen Widerschein der Vollkommenheit.

Der Philosoph Friedrich Wilhelm Schelling definiert die Schönheit so: Sie ist das Unendliche, endlich dargestellt. Hier finden wir also auch in der Philosophie eine Verknüpfung von Schönheit und Unendlichkeit. »Schönheit«, sagt Schelling, »ist ein

Symbol für Unendlichkeit. Und in der Unendlichkeit ist auch die Ewigkeit verborgen, das ewige Leben.«

Die »Schönheit« als Anima

Betrachten wir diese Figur des Märchens mehr auf der psychologischen Ebene, können wir sie als Anima verstehen. Die Anima ist nach C.G. Jung, einem der Mitbegründer der modernen Psychologie, die weibliche Komponente der Psyche des Mannes, welche in seiner Phantasie als Bild des Weiblichen vorherrscht. Dieses Bild symbolisiert gewisse Emotionen, Affekte und unbewusste Phantasien. Meist verkörpert die Anima eine Idealvorstellung des Mannes von der Frau, die er dann oft auch auf Frauen projiziert, was große menschliche und partnerschaftliche Probleme zufolge haben kann, da die Frau mit diesem Bild der Idealfrau unmöglich in Einklang zu bringen ist.

Katastrophale Auswüchse des Animawahns finden wir im Mittelalter. Hier wurde das Bild der Reinheit und Vollkommenheit auf einen kleinen Teil der Frauen projiziert, und man besang und verehrte sie wie Göttinnen (Minnesang). Auf den größeren Teil der Frauen projizierte man aber den abgetrennten dunklen Teil, der ja nie einfach verschwinden kann, sondern sich ebenso in der Gesellschaft manifestieren muss, und man ver brannte sie als Hexen.

Auch bei unserem Märchenhelden ist diese Idealisierung des Weiblichen zu spüren. Sein Anima-Bild ist so großartig, so rein, so hell, so göttlich - es ist sogar die Schönheit selbst! Zudem hat man das Gefühl, dass es ihn ganz beherrscht. Zwar lässt die Schönheit ihn gnädig bei sich wohnen, aber sie hat nicht wirklich Achtung vor ihm, er kann ihr Herz nicht erreichen.

Eine Frau wie die Schönheit kann es nur im Inneren geben, sie kann nur göttlichen Ursprungs sein, und nur wenn ihr Bild in seinem Innersten bleibt und dem Mann als bewusstseinserweiternde Erfahrung dient, kann sie ihn bereichern. Würde unser Held wieder ins Leben zurückkehren und könnte er dieses idealisierende Anima-Bild nicht von der realen Frau trennen, müsste er unweigerlich an seiner Beziehung zum Weiblichen scheitern.

Zurück zum Märchen: Wie es zuerst einmal scheint, hat unser Jüngling jetzt tatsächlich das ewige Leben gefunden. Er ist bei Gott angelangt, seine mystische Reise hat ihn scheinbar ans Ziel seiner Hoffnungen gebracht. Das Göttliche steht vor ihm in Person einer unvorstellbar schönen Frau, die in einem Glashaus schläft. Mir erscheint dieses gläserne Haus wie ein Schrein. In ihm die göttliche Schönheit. Jeder kann sie sehen, der den langen mühsamen Weg auf sich nimmt, um zu ihr zu gelangen, und doch ist sie nicht wirklich erreichbar, eine unsichtbare Wand trennt sie von ihrem Betrachter. Und obwohl der Jüngling einen Weg hinein finden kann, bleibt er doch irgendwie draußen vor der Tür.

In anderen Märchen warten die Personen, die in einen gläsernen Berg oder Sarg gebannt sind, darauf, erlöst zu werden. Für die Schönheit trifft das nicht zu. Sie wartet nicht einmal, sie 'ist' einfach nur. Und warum sollte man sie auch erlösen, sie ist ja göttlich, und wenn überhaupt, dann ist sie es, die erlöst.

Raum ohne Zeit

Obwohl sein Vorhaben, den Tod zu überwinden, am Anfang des Märchens vollkommen unerreichbar erschien, ist der Jüngling seinem Ziel doch sehr nahe gekommen. Er hat die irdischen Zwänge hinter sich gelassen, er hat im spirituellen Sinne alle Höhen und Tiefen durchwandert, er hat die göttliche Schönheit gefunden - er könnte nun tatsächlich »unsterblich« werden. Und doch scheitert er, denn er versteht es nicht, sich ganz hinzugeben. »Nicht um dich zu finden, bin ich ausgezogen«, sagt er zur Schönheit, »sondern das Land wo man nicht stirbt suche ich.«

Mit diesem Satz hat er alles verspielt. Trotz allem, was er gelernt hat, hat er doch nichts verstanden. In Verschmelzung mit ihr, der göttlichen Schönheit, könnte er unsterblich sein, aber er weist sie brüsk zurück. Er kann nicht loslassen, er verharrt in seinem menschlichen Denken, kann den Schritt in den Raum ohne Zeit nicht wirklich tun. Und so sagt sie ihm dann auch: »Du bist die Unsterblichkeit nicht wert, und das ewige Leben wird dir zum Ekel werden.«

So kann ihm die Schönheit am Ende den Weg zurück in seine Welt und die Erfahrung des Todes doch nicht ersparen. Zwar bleibt er ein »Eingeweihter Gottes« - alle dachten, er sei von Gott geschickt, heißt es im Märchen - aber alles Menschliche ist ihm wieder gegeben, und am Schluss zeigt sich ihm, indem er drei Äpfel isst, als allerletzte Erfahrung, der Tod als Gnade Gottes.

Äpfel sind nicht nur ein Symbol der Fruchtbarkeit und des Lebens, sondern wir finden sie im Märchen auch als Sinnbild des Schlafes, des Todes (Beispiel Schneewittchen) und der Erleuchtung. Und hier schließt sich der Kreis. Am Ende erfährt unser Protagonist, dass das ewige Leben für uns Menschen allein im Tod zu finden ist.

Von der Qual des ewigen Lebens

An dieser Stelle fällt mir ein Buch aus meiner Kindheit ein - Gullivers Reisen von Jonathan Swift. Es ist die Geschichte eines Mannes, der auf seiner abenteuerlichen Weltreise Schiffbruch erleidet, an den Strand einer Insel gespült und dann von einem Heer winziger, daumengroßer Bewohner, die sich Liliputaner nennen, gefangen genommen wird.

Gulliver erlangt das Vertrauen der seltsamen Winzlinge und lebt eine Weile bei ihnen. So erfährt er, dass in ihrem Volk ein oder zwei Kinder pro Generation mit einem roten Fleck auf der Stirn geboren werden, und dass diese Kinder unsterblich sind. Gulliver hält sie zu Anfang für die glücklichsten Lebewesen der Welt, weil ihnen der Tod erspart bleibt, erkennt aber schon bald, dass sie in Wahrheit die bedauernswertesten Kreaturen sind, die man sich vorstellen kann. Sie werden alt und schwach, sehen einen nach dem anderen sterben - die Eltern und Geschwister, ihren Partner, die eigenen Kinder, die Freunde und alle anderen, die sie kannten. Am Ende sind sie Fremde in ihrer

Welt, einsam und verlassen, krank, gebrechlich und des Lebens überdrüssig, aber sie können nicht auf die Gnade des Todes hoffen, es gibt keine Erlösung für sie. So begreift Gulliver, dass ein Leben mit der Gewissheit des Todes zwar seine Schrecken hat, dass der Schrecken vom ewigen Leben aber viel schwerer zu ertragen ist.

»Natürlich will niemand ewig leben«, mag mancher sich denken, »aber ein wenig länger, ein wenig besser und ein wenig gesünder, das wäre doch gar nicht so schlecht'«

Doch wer weiß ...

Folgendes Gleichnis hat mir mein Vater erzählt, als ich im Alter von acht oder neun Jahren einmal sehr unglücklich war, und einfach nicht verstehen konnte, warum ausgerechnet mir dieses Unglück widerfahren musste. Es handelt von einem alten Bauern, der mit seinem einzigen Sohn einen kleinen Hof bestellte, der kaum genug zum Leben abwarf. Sie hatten nur ein Pferd, das sie vor den Pflug spannen konnten, und dieses Pferd lief eines Tages fort.

»Wie furchtbar«, riefen die Nachbarn, »welch ein Unglück!« Aber der alte Bauer zuckte nur die Schultern und entgegnete: »Wer weiß schon, ob es ein Glück oder ein Unglück ist.«

Eine Woche später kehrte das Pferd zurück und brachte fünf wilde Pferde, die sich ihm angeschlossen hatten, mit in den Stall.

»Wie wunderbar«, riefen die Nachbarn, »welch ein Glück!« Und wieder zuckte der Alte die Schultern. »Glück oder Unglück - wer weiß.«

Tags darauf wollte sein Sohn eines der wilden Pferde zureiten, stürzte dabei und brach sich ein Bein. »Wie schrecklich, welch ein Unglück!«, riefen die Nachbarn, aber der Alte zuckte nur die Schultern.

Da kamen die Soldaten ins Dorf und holten alle jungen Männer in den Krieg. Nur den Sohn des alten Bauern konnten sie nicht brauchen, weil er ein gebrochenes Bein hatte; und so blieb er als einziger verschont.

Glück oder Unglück? Wer weiß schon, ob sich das, was wir als »großes Glück« zu erkennen glauben, nicht bald als »großes Unglück« zeigen wird oder eben umgekehrt - das vermeintliche Unglück kann in Wahrheit unser Glück sein. So wie bei dem Mann einer Freundin, der einem zerstochenen Reifen vielleicht sein Leben verdankt. Denn hätte er diesen Reifen nicht erst wechseln müssen, wäre er höchst wahrscheinlich in eine Massenkarambolage auf der Autobahn gerast, bei der es zwölf Tote und mehr als 40 Schwerverletzte gab.

Ob es nun ein Glück oder ein Unglück ist, wenn ein geliebter Mensch von uns geht, mit diesem Thema beschäftigt sich auch das folgende Märchen der Brüder Grimm.

Das alte Mütterchen

Es war in einer großen Stadt ein altes Mütterchen, das saß abends allein in seiner Kammer; es dachte darüber nach, wie es erst den Mann, dann die beiden Kinder, nach und nach alle Verwandte, endlich auch heute noch den letzten Freund verloren hatte und nun ganz allein und verlassen war. Da ward es in tiefstem Herzen traurig, und am schwersten war ihm der Verlust der beiden Söhne. So schwer war ihr dieser Verlust, dass die Alte in ihrem Schmerz Gott darüber anklagte. So saß sie still und in sich versunken, als sie es auf einmal zur Frühkirche läuten hörte. Sie wunderte sich, dass sie die ganze Nacht also in Leid durchwacht hätte, zündete ihre Leuchte an und ging zur Kirche. Bei ihrer Ankunft war die Kirche schon erhellt, aber nicht, wie gewöhnlich, von Kerzen, sondern von einem dämmernden Licht. Sie war auch schon angefüllt mit Menschen, und alle Plätze waren besetzt, und als das Mütterchen zu seinem gewöhnlichen Sitz kam, war er auch nicht mehr ledig, sondern die ganze Bank gedrängt voll.

Und wie es die Leute ansah, so waren es lauter verstorbene Verwandte, die saßen da in ihren altmodischen Kleidern, aber mit blassem Angesicht. Sie sprachen auch nicht und sangen nicht, es ging aber ein leises Summen und Wehen durch die Kirche. Da stand eine Muhme auf, trat vor und sprach zu dem Mütterlein. »Dort sieh nach dem Altar, da wirst du deine Söhne sehen.«

Die Alte blickte hin und sah ihre beiden Kinder, der eine hing am Galgen, der andere war auf das Rad geflochten. Da sprach die Muhme: »Siehst du, so wäre es ihnen ergangen, wären sie im Leben geblieben und hätte sie Gott nicht als unschuldige Kinder zu sich genommen.«

Die Alte ging zitternd nach Hause und dankte Gott auf den Knien, dass er es besser mit ihr gemacht hatte, als sie hätte begreifen können; und am dritten Tag legte sie sich hin und starb.

(Gebrüder Grimm)

Für mich hat dieses Märchen etwas sehr Tröstendes. Niemand kann wirklich begreifen, warum ein völlig gesunder Säugling am plötzlichen Kindstod sterben muss, warum drei achtzehn bis zwanzigjährige Männer aus der Nachbarschaft am Heiligen Abend auf dem Weg nach Hause tödlich verunglücken, warum ein 35-jähriger Vater von vier Kindern plötzlich seiner Familie entrissen wird oder ein achtjähriges Kind an Leukämie erkranken und nach langem, qualvollem Todeskampf sterben muss. Und das, wo so viele alte Menschen glücklos und einsam in Altersheimen dahinsiechen und froh wären, endlich gehen zu können. Ist das gerecht?

Dieses Märchen vermittelt uns eine Ahnung davon, dass es hinter allem Unglück eine Art »Plan« geben muss, und dass es - so schmerzlich es uns auch immer trifft - richtig ist, so wie es ist.

An den Schluss meiner Märchensammlung zum Thema Tod möchte ich ein Märchen der Gebrüder Grimm stellen, das in den populären Grimm-Sammlungen nicht mehr zu finden ist. Es zeigt uns, dass der Tod auch Freund sein kann, wenn einer sich vorbereitet hat und sein Leben in Frieden beschließen will.

Der Tod und der Gänsehirt

Es ging ein armer Hirt am Ufer eines großen und ungestümen Wassers, einen Haufen weißer Gänse hütend. Zu diesem kam der Tod übers Wasser, und wurde vom Hirten gefragt, wo er herkomme, und wo er hin wolle? Der Tod antwortete, dass er aus dem Wasser komme und aus der Welt wolle. Der arme Gänsehirt fragte ferner: wie man doch aus der Welt kommen könne? Der Tod sagte, dass man über das Wasser in die neue Welt müsse, welche jenseits gelegen. Der Hirt sagte, dass er dieses Lebens müde sei und bat den Tod, er solle ihn mit hinüber nehmen. Der Tod sagte, dass es noch nicht an der Zeit wäre, und er hätte im Übrigen noch etwas Anderes zu verrichten.

Es war aber unfern davon ein Geizhals, der trachtete bei Nacht auf seinem Lager, wie er doch mehr Geld und Gut zusammenbringen möge, den führte der Tod zu dem großen Wasser und stieß ihn hinein. Weil der Geizhals aber nicht schwimmen konnte, ist er zu Grunde gesunken, bevor er an das andere Ufer gekommen war. Seine Hunde und Katzen, die ihm nachgelaufen waren, sind auch mit ihm ersoffen.

Etliche Tage hernach kam der Tod auch zu dem Gänsehirten, fand ihn fröhlich singend und sprach zu ihm: »Willst du nun mit?« Er war willig und kam mit seinen weißen Gänsen wohl hinüber, welche da alle in weiße Schafe verwandelt worden waren. Der Gänsehirt betrachtete das schöne Land und hörte, dass die Hirten hier zu Königen würden, und indem er sich recht umsah, kamen ihm die Erzhirten Abraham, Isaac und Jacob entgegen, setzten ihm eine königliche Krone auf, und führten ihn in der Hirten Schloss, allda er noch zu finden ist.

Wie ich bereits im Märchen Von einem der auszog, das Land ohne Tod zu finden erläutert habe, ist das Wasser (mal ein großer Fluss, mal das Meer) in der Mythologie oft als Grenze zwischen den beiden Welten zu sehen. So auch in der Geschichte vom Gänsehirten. Meist fungiert in solchen Mythen der Tod als Fährmann - in diesem Märchen müssen die Betroffenen allerdings selbst schwimmen, und nur, wer sich nicht sehr mit Schuld beladen hat, erreicht »die andere Welt«.

Als »Gegenspieler« (Gut und Böse) haben wir den Geizhals und den armen Hirten. Armut ist hier im Sinne von Genügsamkeit zu verstehen, und Hirten sind im Märchen immer Menschen, die sich (in dem sie behüten) mit den inneren Dingen beschäftigen und das Ganze im Auge behalten. Geiz und Habsucht dagegen (wir haben das bereits in einem anderen Märchen kennen gelernt, nämlich in der Geschichte von der Alten Frau und dem Tod) sind immer ein Synonym für fehlende Auseinandersetzung mit den wesentlichen Dingen.

Unter dem Fluss scheint in unserem Märchen die Hölle zu liegen, am anderen, Ufer das himmlische Paradies, in dem nicht der Reiche oder Mächtige, sondern der Gerechte zum König wird.

Interessant an diesem Märchen ist, dass sich die uralte Mythologie mit christlichen Jenseitsvorstellungen vermengt hat. Schön daran, die klare Bildsprache, die auch für Kinder leicht zu verstehen ist.

Nachwort

Als ich mir Gedanken über ein abschließendes Wort zu diesem Buch machte, geschah folgendes:

Ich fuhr mit dem Zug. In Nürnberg hatten wir zehn Minuten Aufenthalt. Zwei Jungen stiegen zu und setzten sich mir gegenüber. Eine Frau, die Mutter des jüngeren, kümmerte sich noch um das Verstauen der Rucksäcke, dann verließ sie den Zug, um draußen auf die Abfahrt zu warten. Wie ich später erfuhr, war der eine vierzehn, der andere elf Jahre alt. Sie waren Freunde und unterwegs nach Dachau, wo sie von einem Verwandten abgeholt werden sollten, um von da aus mit ihm nach München zu einem Fußballspiel zu fahren.

Die Jungen saßen vielleicht ein oder zwei Minuten auf ihren Sitzen (der Zug hatte immer noch Aufenthalt) da stand der Elfjährige plötzlich auf und ging hinaus. Kurz später kam er mit seiner Mutter zurück. Er hatte Tränen in den Augen, die er tapfer herunterzuschlucken versuchte. An seiner ganzen Körperhaltung und daran, wie er die

Mutter festhielt, konnte man erkennen, wie schwer ihm die Trennung von ihr fiel. Er würde zum ersten Mal ohne sie verreisen. Er würde ein Abenteuer erleben, auf das er sich wochen- oder sogar monatelang gefreut hatte, aber die Voraussetzung dafür war eben diese schmerzhafte Trennung.

Man spürte, wie er hin- und hergerissen war. Zu Hause bleiben bedeutete Sicherheit, die Mutter im Rücken zu haben, nicht verlassen zu sein und nicht verlassen zu müssen. Fortfahren bedeutete, ein wunderbares Abenteuer zu erleben und dabei ein Stück erwachsener zu werden. Er hatte die Wahl, und er machte es sich nicht leicht.

Die Mutter verhielt sich großartig. Sie tröstete ihn ein wenig, nahm seinen Kummer ernst, aber sie hielt ihn nicht fest und machte kein Drama daraus. Am Schluss fuhr der Zug ab, und der Junge fuhr mit. Noch ein paar Minuten hing er seiner Trauer nach, kämpfte mit den Tränen, dann wurde er zusehends lebendiger, und als ich ausgestiegen war und am Fenster vorbeiging, sah ich, dass er lachend auf dem Sitz lag, auf dem ich vorher gesessen hatte. Die Welt war großartig, und der Junge war wieder einen Schritt weitergekommen auf seinem Weg, erwachsen zu werden.

Vor meinen Augen hatte sich innerhalb einer Stunde all das abgespielt, worüber ich in diesem Buch geschrieben hatte. Da war die Angst vor der Trennung, ein Ansturm von Gefühlen, das Loslassen, das Trauern - dann ein Neubeginn, der Anfang eines neuen Lebensabschnittes. Denn wenn der Junge am nächsten Tag nach Hause kommen würde, würde er nicht mehr der sein, den seine Mutter zum Zug gebracht hatte.

Das Leben ist eine Einbahnstraße, die Richtung ist nicht umkehrbar.

Egal wie alt wir sind, es wird Abschiede geben, kleine Tode, auch wirkliches Sterben, und am Ende steht der eigene Tod. Vielleicht wird er uns Angst machen, vielleicht erfahren wir ihn als Erlösung, vielleicht kommt er aber auch so plötzlich und sanft, dass wir es nicht einmal merken. Wir werden sehen.

Als Gott die Welt schuf, trennte er sich von
sich selbst,
trennte er die Welt von sich,
trennte er die Elemente voneinander.
Als Gott den Menschen schuf,
trennte er sich vom Menschen
und trennte den Menschen von sich.
Erst dadurch wurden die Welt,
die Elemente und der Mensch wirklich.

(Jeanne Hersch)

Anhang

Wo Sterbende und ihre Angehörigen Hilfe finden

Noch zu Beginn des 20. Jahrhunderts starben 80 Prozent aller Menschen zu Hause. Heute ist das umgekehrt. 90 Prozent sterben in Krankenhäusern, und nicht wenige davon siechen über Wochen, Monate, sogar Jahre dahin. Dabei wünscht sich fast jeder seine letzten Stunden in seiner gewohnten Umgebung und im Beisein eines oder mehrerer vertrauter Menschen verbringen zu dürfen.

Dass wir heute fast zwangsläufig in Krankenhäusern sterben, liegt zum Teil an der Tatsache, dass zu Hause keine optimale medizinische Versorgung möglich ist, weil Geräte oder Fachpersonal fehlen. Zum anderen daran, dass kaum jemand Zeit hat, den Sterbenden intensiv zu betreuen. Aber auch die Angst vor der Konfrontation mit dem Tod ist für Familienmitglieder oft ein Beweggrund, den Sterbenden in die Obhut einer Klinik zu geben. Sie fühlen sich überfordert, trauen es sich einfach nicht zu und wollen vor allem den Tod nicht miterleben müssen.

Umso wichtiger ist es zu wissen, wo wir Hilfe finden können, wenn es ums Sterben geht.

Palliative Stationen

Neben den ganz normalen Krankenhäusern, die oft nur unzureichende Hilfe für Sterbende bieten können, weil ihr Personal überfordert ist und auch gar nicht über die notwendige Ausbildung verfügt, gibt es auch Krankenhäuser, die über eine sogenannte >palliative Station< verfügen.

Palliativ bedeutet schmerzlindernd. Gemeint sind in diesem Zusammenhang sowohl die physischen Schmerzen, die vielleicht mit Opiaten behandelt werden, als auch die psychischen, für die fachlich geschultes Personal zur Verfügung steht. Aber nicht nur Sterbenden wird auf palliativen Stationen aktive Sterbebegleitung geleistet, sondern auch Angehörige können Hilfe bekommen, wenn sie mit ihren Ängsten und Nöten nicht fertig werden. Außerdem gibt es Betten für Angehörige, damit in den letzten Stunden immer jemand aus der Familie bei dem Sterbenden sein kann.

Palliative Stationen sind keine »Abschiebestationen«, sondern ganz im Gegenteil: Hier findet eine intensive Betreuung statt, und die zuständigen Ärzte wissen besser als andere über Dosierung und die Einstellung von Patienten auf schmerzlindernde Medikamente Bescheid. Ein Patient ist jedoch nicht gezwungen, bis zum Ende dort zu bleiben. Wer will kann sofort nach Hause entlassen werden. Leider gibt es solche Stationen noch nicht in jedem größeren Krankenhaus, aber die Anzahl wächst ständig. Mehr dazu erfahren Sie bei Ihrem Arzt.

Hospize

Die Hospize im Mittelalter - das lateinische Wort hospicium bedeutet Herberge - gaben Menschen auf ihren Pilgerreisen Obdach, boten aber auch Kranken auf ihrer »letzten Reise« in den Tod Zuflucht. Das erste Hospiz im modernen Sinn wurde 1967 in England von der englischen

Krankenschwester, Sozialarbeiterin und Ärztin Cicely Saunders gegründet.

Die moderne Hospiz-Bewegung, die zum Ziel hat, Menschen ein humanes Sterben zu ermöglichen, ist inzwischen weltweit aktiv. Auch hier werden die Patienten schmerzfrei gehalten und intensiv betreut. Außerdem wird Wert darauf gelegt, dass sich der Kranke dort angenommen und wohl fühlt. Niemand, so das Versprechen, soll im Hospiz einsam oder unter Schmerzen sterben.

Im Hospiz werden nur Patienten aufgenommen, die von den Ärzten aufgegeben wurden. Im Durchschnitt verbleiben ihnen dann noch drei bis vier Wochen bis zu ihrem Tod.

Das Pflegepersonal im Hospiz hat, im Gegensatz zu normalen Krankenschwestern und Pflegern, große Erfahrung im Umgang mit Sterbenden, außerdem arbeitet im Hospiz mindestens doppelt so viel Personal wie in einer normalen Klinik. So kann dort intensiv auf die Bedürfnisse der Sterbenden eingegangen werden, und das Personal ist auch befähigt, auf schwierige Situationen angemessen zu reagieren.

Neben den normalen Hospizen gibt es vereinzelt auch spezielle Kinderhospize.

Informieren Sie sich im Internet unter www.hospize.de

Omega

Dieser letzte Buchstabe des griechischen Alphabets steht für eine Organisation, die über Möglichkeiten des humanen Sterbens informiert und sich mit Sterbebegleitung befasst. Hier kann man eine Informationsmappe bestellen. Ein interessantes Omega-Projekt ist der sogenannte »Freundschaftsvertrag«. Er ist vor allem für Menschen bedeutsam, die alleinstehend sind oder deren Familie z. B. im Ausland lebt. Diesen »Freundschaftsvertrag« kann man mit einer Person seiner Wahl schließen, die sich darin verpflichtet, die Rechte des Kranken gegenüber Dritten (Ärzte, Pflegepersonal, Ämter usw.)

wahrzunehmen, falls man selbst nicht mehr in der Lage dazu ist. So hat der »Freundschaftsnehmer« die Gewissheit, dass jemand für ihn da sein wird, der ihm beisteht, der seine Wünsche kennt, und der nicht zulässt, dass auf seinem letzten Lebensweg würdelos und willkürlich mit ihm umgegangen wird.

Der Vertrag wird vor Zeugen unterschrieben und dann bei einem Anwalt, Notar oder zwei Vertragszeugen hinterlegt.

Mehr dazu finden Sie auf der Omega-Homepage im Internet

Deutsche Gesellschaft für Humanes Sterben

Die DGHS beruft sich auf das Selbstbestimmungsrecht des Individuums, über seinen Tod zu jedem Zeitpunkt frei bestimmen zu können. Wer der DGHS beitritt, bekommt eine sogenannte Patientenschutzmappe. Inhalt sind Formulare wie Patientenverfügung (hier bestimmen Sie, dass sie unter bestimmten Umständen nicht an lebensverlängernde Geräte angeschlossen werden wollen), Vollmachten, Betreuungsverfügungen und Willensverfügung zur Organspende. Außerdem haben Mitglieder im Notfall das Recht auf den Beistand eines Anwalts.

Ein Jahr nach Beitritt kann man dann eine Broschüre mit dem Titel »Selbsterlösung durch Medikamente« beziehen. Die Tatsache, dass es hierfür Bedarf gibt, sollte uns zu denken geben. In einer Zeit, in der Medizin und Technik im Stande sind, Leben auch dann noch zu verlängern, wenn keine Aussicht auf ein menschenwürdiges Dasein mehr besteht und Ärzte auch verpflichtet sind, ihre Fähigkeiten einzusetzen, wird der Ruf nach Euthanasie immer lauter. Die Aussicht, unter Umständen an Schläuche und Maschinen angeschlossen oder der Willkür von Menschen ausgeliefert zu sein, die einem vielleicht nicht mal ein Minimum an Pflege zukommen lassen, und dann völlig vereinsamt und qualvoll so lange dahinsiechen zu müssen, bis alle Möglichkeiten der Medizin ausgeschöpft sind, hat nichts mehr mit Würde und Humanität zu tun.

Wollen Gesetzgeber und Kirche die Euthanasie verbieten, müssen sie sich im Gegenzug dafür einsetzen, dass Menschen immer die Möglichkeit haben, sich der Lebensverlängerung durch medizinische Maßnahmen zu entziehen, auch dann, wenn sie vielleicht nicht mehr selbständig entscheiden können, sondern Verwandte für sie beschließen müssen. Euthanasie ist nicht gottgewollt - aber lebensverlängernde Maßnahmen auf Gedeih und Verderben ebenso wenig.

Und außerdem

Weiterhelfen können auch psychosoziale Beratungsstellen (z. B. Pro Familia, Blaues Kreuz, Deutscher Paritätischer Wohlfahrtsverband, Caritas), die sie im Telefonbuch unter Beratungsstellen oder Lebensberatungsstellen finden. Oder suchen Sie im Anzeigenteil der Tagespresse unter >Soziale Dienste.

Die Telefonseelsorge hat die bundesweit einheitlichen Telefonnummern:
0800/111 0 111 oder 0800/111 0 222

Hier hört man nicht nur aufmerksam und geduldig zu, sondern wird gerne auch entsprechende Adressen und Hilfsangebote vermitteln.

NAKOS - vermittelt Kontakt zu regionalen Selbsthilfegruppen. In Selbsthilfegruppen kommen Betroffene zusammen, um über ihre Probleme zu reden und sich gegenseitig beizustehen. Hier hat man Verständnis, weil jeder schon einmal in derselben Situation war oder immer noch ist. Wenn es keine Selbsthilfegruppe in Ihrer Nähe gibt, können Sie auch selbst eine gründen. Hilfestellung hierfür gibt es ebenfalls bei NAKOS – mehr dazu im Internet.

GEPS Deutschland e.V. (Gemeinsame Elterninitiative Plötzlicher Säuglingstod) – siehe Homepage im Internet

Wenn Sie Fragen zu AIDS haben und die Adresse einer Ihrem Wohnort nahegelegenen örtlichen Aids-Hilfe benötigen – siehe Homepage im Internet

Bei den deutschen Verbraucherzentralen erhalten Sie eine Ratgeberbroschüre zu Bestattungsfragen, die wirklich sehr hilfreich ist und bei jedem zu Hause in der Schublade bereitliegen sollte – Titel: Was tun, wenn jemand stirbt Kosten etwa 10 Euro.

Diese Broschüre kann man sich auch als E-Book herunterladen:

Wenn es weitere Fragen gibt, wenden Sie sich an den Bundesverband deutscher Bestatter – siehe Homepage im Internet.

Bundesverband Verwaiste Eltern – siehe Homepage im Internet.

Quellenverzeichnis

Die drei Schlangenblätter - aus »Deutsche Märchen«, gesammelt durch die Brüder Grimm, herausgegeben bei Wilhelm Langewiesche-Brandt, Ebenhausen bei München, 1911.

Das Tränenkrüglein - von der Autorin bearbeitetes deutsches Volksmärchen, im Original zu finden hei Bechstein, Franke, Grimm, Richter, Waegner und Waschnitius. Bei Waschnitius bezieht es sich ausdrücklich auf den 6. Januar, den Hollein- oder Berchtenabend.

Vom kleinen Hasen, der das Lingzhi-Kraut brachte - in Anlehnung eines altchinesischen Mondmythos, frei nacherzählt und bearbeitet durch die Autorin. Das Original ist unter dem Titel »Warum Sonne und Mond ein Paar sind« in »Märchen der Völker Nordost-Chinas« zu finden.

Der Ehemann am Grab seiner Frau - ein finnisches Märchen in einer durch die Autorin bearbeiteten Fassung. Im Original zu lesen in »Finnische und estnische Märchen«, erschienen 1962 bei Diederichs Verlag, Düsseldorf.

Die alte Frau und der Tod - aus »Ungarische Volksmärchen«, Akademie-Verlag, Berlin, 1957, vorliegend in einer Bearbeitung der Autorin.

Der Tod von Isfahan, ein orientalisches Märchen, frei nacherzählt durch die Autorin.

Von einem der auszog, das Land ohne Tod zu finden - das Original ist unter dem Titel »Die Erde will das ihre haben« in »Kaukasische Märchen«, in einer Übersetzung von A. Dirr, Jena 1920, zu lesen. Die vorliegende Fassung wurde durch die Autorin bearbeitet.

Das alte Mütterchen- aus »Deutsche Märchen«, gesammelt durch die Brüder Grimm, herausgegeben bei Wilhelm Langewiesche-Brandt, Ebenhausen bei München, 1911.

Der Tod und der Gänsehirt - aus «Kinder- und Hausmärchen«, Erstauflage, Berlin 1812, bearbeitet durch die Autorin.

Weitere Märchen zum Thema

Die Stimme des Todes - Neue heilende Märchen für Eltern und Kinder. Geschichten, die Kinderseelen stark machen, Angeline Bauer, Südwest-Verlag, München

Der geprellte Tod — Neue heilende Märchen für Eltern und Kinder. Geschichten, die Kinderseelen stark machen, Angeline Bauer, Südwest - Verlag, München

Die himmlische Hochzeit - Grimms Märchen, verschiedene Verlage

Der Tod und das kleine Mädchen - Das Manfred Kyber Buch, Tiergeschichten und Märchen, Rowohlt Verlag, Reinbek

Das Land, wo man nie stirbt - Italienische Volksmärchen, Felix Karlinger, Eugen Diederichs Verlag, München

Der Königssohn und der Tod - Märchen aus Schottland, Weltbild Verlag, Augsburg

Das kleine Mädchen mit den Schwefelhölzern - Hans Christian Andersen, verschiedene Verlage

Der Engel - Hans Christian Andersen, verschiedene Verlage

Das Totenhemdchen - Grimms Märchen, verschiedene Verlage

Der kleine Prinz - Antoine de Saint-Exupery, Karl Rauch Verlag, Düsseldorf

Literaturverzeichnis

Bauer, Angeline: Neue heilende Märchen für Eltern und Kinder. Geschichten, die Kinderseelen stark machen. Psychologischer Ratgeber für Eltern im Umgang mit Kindern in ganz alltäglichen Krisen, München 2000.

von Bonin, Felix: Kleines Handlexikon der Märchensymbolik. Was Menschen bewegt, Stuttgart 2001.

Christ, Grace H.: »Studie der Columbia University« aus Healing Children's Grief. USA 2000.

Collett, Merrill: Bleibe nah und tue nichts. Eine spirituelle und praktische Anleitung zur Sterbebegleitung. Düsseldorf 2000.

Grümmer, Edmund, Rix, Klaus Was tun im Todesfall? Ein praktischer Ratgeber. Gütersloh 1999.

Heimerl, Katharina, Heller, Andreas: Eine große Vision in kleinen Schritten. Aus Modellen der Hospiz- und Palliativbetreuung lernen. Freiburg 2001.

Herrmann, Monika: Wie ich einmal sterben möchte. Bestattung, Betreuung, Hospiz, Patientenverfügung, Testament/Erbe, Vollmachten. Gütersloh 2001.

Jakoby, Bernard: Auch Du lebst ewig. Die Ergebnisse der modernen Sterbeforschung. München 2000.

Kast, Verena: Trauern - Phasen und Chancen des psychischen Prozesses. Stuttgart 1982.

Knoch, Linde: Praxisbuch Märchen. Verstehen - Deuten - Umsetzen. Gütersloh 2001.

Kühler-Ross, Elisabeth: Interviews mit Sterbenden. Gütersloh 1999.

Lamp, Ida: Hospiz-Arbeit konkret. Grundlagen, Praxis, Erfahrungen. Gütersloh 2001.

Iraker, Manfred: Lexikon der Götter und Dämonen. Namen, Funktionen, Symbole/Attribute. Stuttgart 1989.

Mönckeberg, Vilma: Die Märchentruhe. München 1982.

Otterstedt, Carola: Leben gestalten bis zuletzt. Kreative und einfühlsame Begleitung sterbender Menschen. Freiburg 1999.

Picken, Wolfgang: Abschied nehmen vom Leben. Erfahrungen mit Sterben, Tod und Trauer. Stuttgart 2000.

Rinne, Olga: Der verlorene Himmel. Ursprungsmythen. Band 2. Darmstadt 1985.

Rölleke, Heinz Kinder- und Hausmärchen. Ausgabe letzter Hand mit den Originalanmerkungen der Brüder Grimm. Stuttgart 1980.

Schmitz-Scherzer, Reinhard: Altern und Sterben. Sterbebegleitung, Sterben im Krankenhaus, Sterbehilfe und Hospizbewegung, Sterben zu Hause, die religiöse Dimension. Bern 1992.

Schultz, Hans-Jürgen: Trennung - Eine Grunderfahrung des menschlichen Lebens. München 1991.

Schulze, Bernhard: Norwegische Märchen. Leipzig 1977.

Schwikart, Georg: Tod und Trauer in den Weltreligionen. Gütersloh 1999.

Student, Johann-Christoph: Im Himmel welken keine Blumen. Kinder begegnen dem Tod. Freiburg 2000.

Walker, Barbara G.: Das geheime Wissen der Frauen. Ein Lexikon. München 1995.

Wiese, Anja: Um Kinder trauern. Eltern und Geschwister begegnen dem Tod.

Unser Verlagsprogramm

Ratgeber

Angst überwinden und stark sein
ISBN Buch: 978-3-946280-31-6
ISBN E-Book: 978-3-946280-05-7 / ASIN: B015WKTRYW

So finde ich mein Glück
ISBN Buch: 978-3-946280-30-9
ISBN E-Book: 978-3-946280-07-1 / ASIN: B015WKTWRY

Die Holunderküche -
ISBN Buch: 978-3-946280-40-8
ISBN E-Book: 978-3-946280-11-8 / ASIN: B017WCDE1

Können Igel fliegen?
Alles, was Kinder über Igel wissen wollen
ISBN E-Book 978-3-946280-68-2
ISBN Buch 978-3-946280-69-9 / ASIN:B094NGBW6J

Reiseführer

Radreisen – Alles, was Sie wissen müssen
ISBN Buch: 978-3-946280-62-0
ISBN E-Book: 978-3-946280-61-3 / ASIN: B0848HM8WC

Weser – Elbe – Weser-Harz-Heide -
Drei Radfernwege zu einer Radreise zusammengefasst
Buch: 978-3-946280-67-5
E-Book ISBN: 978-3-946280-66-8 / ASIN : B08RYYVDRN

Der Innradweg auf zwei Rädern und vier Pfoten – ein heiterer Erlebnisbericht
mit vielen praktischen Reisetipps für Mensch und Hund
ISBN Buch: 978-3-946280-58-3
ISBN E-Book: 978-3-946280-44-6 / ASIN: B01MS9LNHO

Cres und Losinj
ISBN Buch: 978-3-946280-54-5
ISBN E-Book: 978-3-946280-53-8
ASIN: B07B8NRDL2

Kreuzfahrt Madeira & Kanaren
ISBN Buch: 978-3-946280-26-2
ISBN E-Book: 978-3-946280-34-7
ASIN: B01F3STFFE

Krk -
ISBN Buch: 978-3-946280-17-0
ISBN E-Book: 978-3-946280-12-5
ASIN: B017WDI53G

Sevilla -
ISBN Buch: 978-3-946280-22-4
ISBN E-Book: 978-3-946280-09-5
ASIN: B015WKTK8K

Amsterdam –
ISBN Buch: 978-3-946280-21-7
ISBN E-Book: 978-3-946280-04-0
ASIN: B015WKTX8W

Salzburg -
ISBN Buch: 978-3-946280-24-8
ISBN E-Book: 9783946280019
ASIN: B0158B5ZC

Kopenhagen -
ISBN Buch: 978-3-946280-25-5
ISBN E-Book: 978-3-946280-03-3
ASIN: B015D045U2

Avignon -
ISBN Buch: 978-3-946280-49-1
ISBN E-Book: 978-3-946280-48-4
ASIN: B074C61QS5

München –
ISBN Buch: 978-3-946280-28-6
ISBN E-Book: 978-3-946280-29-3
ASIN: B01NH9HJPM

Prag -
ISBN Buch: 978-3-946280-20-0
ISBN E-Book: 978-3-946280-08-8
ASIN: B015WKTUNU

Venedig -
ISBN Buch: 978-3-946280-19-4
ISBN E-Book: 978-3-946280-10-1
ASIN: B015WKU1I8

Nürnberg -
ISBN Buch: 978-3-946280-18-7
ISBN E-Book: 978-3-946280-00-2
ASIN: B015WKTUNU

Danzig -
Buch - ISBN: 978-3-946280-23-1
ISBN E-Book: 978-3-946280-06-4
ASIN: B015WKTRA6

Trier –
ISBN Buch: 978-3-946280-36-1
ISBN E-Book: 978-3-946280-35-4
ASIN: B01IDCGDES

'Lesefutter' aus unserem Verlag

Perle aus der Hundefabrik
Acht berührende Hundegeschichten
ISBN E-Book: 978-3-946280-74-3
ISBN Buch: 978-3-946280-75-0 / ASIN: B0BKH23GK9

Mord mit Herz - Ronda Hendrikus
Acht Ladykrimis für zwischendurch
ISBN E-Book: 978-3-946280-13-2 / ASIN: B0182GC8JY

Verlorene Töchter - Ronda Hendrikus
Sieben Ladykrimis für zwischendurch
ISBN E-Book: 9783946280415 / ASIN: B01MSY9JRO

Cognac mit Schuss - Ronda Hendrikus
Acht Ladykrimis für zwischendurch
ISBN E-Book: 978-3-946280-15-6 / ASIN: B018K9SH16

Geliebter Mörder - Ronda Hendrikus
Sieben Ladykrimis für zwischendurch
ISBN E-Book: 978-3-946280-14-9 / ASIN: B018K9SV76

Seine letzte Bahnfahrt - Ronda Hendrikus
Neun Ladykrimis Ladykrimis für zwischendurch
ISBN E-Book 978-3-946280-63-7 / ASIN: B088HGHVB6

Oje, du fröhliche ... - Friederike Costa
Vierzehn Weihnachtsgeschichten
ISBN E-Book: 978-3-946280-16-3 / ASIN: B018UJZF8E

Oma, hast du Strapse? - Friederike Costa
18 Kurzgeschichten für Frauen im besten Alter
ISBN E-Book: 978-3-946280-37-8 / ASIN: B01LF7QIWK